dtv

Michael Wolffsohn

FRIEDENSKANZLER?

Willy Brandt zwischen Krieg und Terror

Mit Beiträgen von
Thomas Brechenmacher,
Lisa Wreschniok
und Till Rüger

dtv

Ausführliche Informationen über
unsere Autoren und Bücher
www.dtv.de

Dieses Buch ist auch als eBook erhältlich.

Von Michael Wolffsohn außerdem bei dtv:
Zum Weltfrieden. Ein politischer Entwurf
Zivilcourage. Wie der Staat seine Bürger im Stich lässt
Deutschjüdische Glückskinder. Eine Weltgeschichte meiner Familie

MIX
Papier aus verantwortungsvollen Quellen
FSC® C014496
www.fsc.org

Das Werk wurde vermittelt durch die Literaturagentur
Dirk Rumberg, Ultreya GmbH.

Satz: Fotosatz Amann, Memmingen
Gesetzt aus der Concorde
Druck und Bindung: GGP Media GmbH, Pößneck
Gedruckt auf säurefreiem, chlorfrei gebleichtem Papier
Printed in Germany • ISBN 978-3-423-28992-4

Inhalt

Ouvertüre 1: Sozialdemokratische Judenbilder in der NS-Zeit

Ja: Die SPD war 1933 das letzte parlamentarische Bollwerk gegen die NS-Diktatur.

Nur sie hatte damals im Reichstag gegen das NS-Diktaturermöglichungs- bzw. Ermächtigungsgesetz gestimmt. Darum wird auch heute noch zu Recht das Hohelied auf die politische Moral der SPD angestimmt. Ja: Sozialdemokraten wurden im Dritten Reich von Anfang an verfolgt. Nach dem Dritten Reich, besonders jetzt, da der Nationalsozialismus (von der großen Mehrheit) der Deutschen geächtet wird, ist diese Geschichtsüberlieferung verständlicherweise ein moral- und geschichtspolitischer Joker.

Es ist ein unter Sozialdemokraten beliebtes Argument – um nicht zu sagen, eine »Waffe«. Ein Beispiel: Im Frühjahr 2017 geriet der damalige Bundesaußenminister Sigmar Gabriel wegen seiner Israel gegenüber nicht unbedingt sonnenheiteren Politik ins Fadenkreuz israelischer sowie diasporajüdischer Kritik. Er wusste sich zu helfen. Er griff ins Schatzkästlein der SPD-Geschichte: Sozialdemokraten seien wie Juden die ersten Opfer des Holocaust gewesen. Ein Sturm der Entrüstung folgte, dann produzierte Gabriel eine quasi historische Entschuldigung. Natürlich ist ein Opfer-»Narrativ« politisch alles andere als schädlich, auch wenn die Opferproportionen bei Vergleichen oder Gleichsetzungen missraten. So oder so: Die SPD galt und gilt bezogen aufs Dritte Reich – zu Recht! – als Partei der anständigen Deutschen. Davon profitiert sie gegenwärtig. Zu Recht. Davon wird sie künftig dauerhaft profitieren. Auch zu Recht.

Nein: Deutsche Sozialdemokraten waren keinesfalls frei von antisemitischen Klischees.

Trotz ihrer Anständigkeit und wegen ihrer ideologischen Scheuklappen hegten deutsche Sozialdemokraten (im Rückblick) ganz erstaunliche Antisemiten-Klischees. Vielleicht liegt hier eine Erklärung für, sagen wir, Befangenheiten, Seltsamkeiten, Peinlichkeiten und

Ärgerlichkeiten sozialdemokratischer Politik gegenüber Juden und Israel sowie, daraus abgeleitet, sozialdemokratischer Juden-, Israel-, Nahost-, Ost- und, jawohl, ganz allgemein sozialdemokratischer Friedenspolitik in der Willy-Brandt-Ära. In diesem Buch wird dokumentiert, dass auch Moral- bzw. Friedenspolitik moralisch gespalten sein kann – und in den hier vorgelegten Fallstudien tatsächlich gespalten war.

Aktionen und Reaktionen der Akteure im weichenstellenden Jahr 1933 sind von größter faktischer, geschichtswissenschaftlicher und -ethischer Bedeutung. Folglich finden sie in Forschung und Politik der und zur SPD weite Beachtung. Doch bekanntlich folgten dem NS-Jahr 1933 die Schreckensjahre bis 1945. Sie wurden deutlich seltener und weniger intensiv untersucht. Es gibt Ausnahmen von dieser Regel. Eine ist der israelische Historiker David Bankier (1947–2010). Seine Forschungsergebnisse seien hier als Vorgeschichte unserer Geschichte zusammenfassend vorgestellt.[1]

Werfen wir zunächst einen Blick zurück auf die Zeit bis 1938. im (gedämpften) Zorn auf antisemitische Klischees von Sozialdemokraten in der frühen NS-Zeit, als diese, wie die Juden, die vermeintlich »ersten Opfer« nicht des Holocaust, wohl aber der Machtergreifungsperiode gewesen sein sollen – und waren.

David Bankiers Fazit: »Verallgemeinernd lässt sich sagen, dass die deutsche Linke die antisemitische Bewegung als ideologischen und politischen Feind betrachtete und sporadischen Antisemitismus in ihren Reihen als missverstandenen Antikapitalismus verurteilte.«

»Zusammen mit anderen Bewegungen hielt die Sozialdemokratie somit an einer vereinfachten Sicht der Dinge fest und erlag schließlich einer krassen Fehleinschätzung der ideologischen Entschlossenheit der Antisemiten und der Ernsthaftigkeit der Absichten Hitlers und seiner Bewegung.«

»Die sozialistische Theorie spielte den Antisemitismus bekanntlich herunter und stufte ihn als Unterkategorie eines breiteren Problems, d. h. der Sozialen Frage bzw. des Klassenkampfs ein. Gemäß dieser Sichtweise wurde der moderne Judenhass in den Zusammenhang der wirtschaftlichen Interessen des Bürgertums gestellt. Die Linke machte für die Judenhetze den Kapitalismus verantwortlich, dem sie den Missbrauch latenter judenfeindlicher Gefühle in der Bevölkerung als Versuch der Ablenkung von den eigentlichen Problemen zur Last legte. Dasselbe Erklärungsmodell diente den Sozialdemokraten bei der Analyse des nationalsozialistischen Antisemitismus.«

Trotz diverser Nuancen kam die Sozialdemokratie zu diesem Schluss: »Der Antisemitismus sei ein künstliches Phänomen zur Ablenkung allein und das Wesen des Nationalsozialismus nicht die Judenausrottung, sondern die Unterdrückung der Arbeiterklasse.«

»Bis November 1938 beschäftigte sich von Hunderten Veröffentlichungen des sozialdemokratischen Untergrundes keine einzige mit der Judenverfolgung.« Das änderte sich erst 1938 nach der Welle von Angriffen und nach der »Reichskristallnacht«. Unzweideutig könne man feststellen, dass sich die Sozialdemokratie nun »öffentlich klar vom nationalsozialistischen Antisemitismus distanzierte und alles in ihrer Macht Stehende unternahm, um die Not der Verfolgten zu lindern. Ebenso klar zeigt sich jedoch, dass die neue Realität die grundsätzlichen ideologischen Standpunkte der Sozialdemokratie zum Wesen der ›Judenfrage‹ nicht verändert hat.«

»Ein deutliches Beispiel solcher Duplizität findet sich in den Tagebüchern von Alfred Kantorowicz, selbst jüdischer Abstammung und Mitautor einer Propagandaschrift gegen die Nazis, des sogenannten ›Braunbuchs über Reichstagsbrand und Hitlerterror‹, das von deutschen Exilpolitikern in Paris verbreitet wurde. In seinem Beitrag über die Judenverfolgung in Deutschland zählt Kantorowicz die Übergriffe gegen die Juden auf und verurteilt sie scharf. Dazu im Widerspruch scheint jedoch sein eigenes Verhältnis zu den Juden zu stehen. In seinem Tagebuch beschreibt er die Juden als ›fast so verabscheuenswürdig, wie der Stürmer sie darstellt. Geduckte Frechheit, Rohheit (nur gemildert durch körperliche Kleinheit), plump, plattfüßig, watschelnd, lärmend, gemein.‹ Es handelt sich gewiss um einen extremen Fall nicht ohne gewisse Elemente von Selbsthass. Er bildet jedoch im Hinblick auf das linke Judenbild keine Ausnahme. In der sozialdemokratischen Literatur und Presse finden sich zwar keine vulgären Ausfälle dieser Art, wohl aber ausdrückliche oder implizite Distanzierungen von den Juden als ›bürgerliche Gruppe‹ ... Nur mittellose Juden hätten die Sozialdemokratie unterstützt. Das jüdische Bürgertum sei dem Sozialismus gegenüber reserviert oder im besten Fall gleichgültig geblieben.«

»Der Vorwurf der konservativen Identität und mangelnden Loyalität der Juden gegenüber dem Sozialismus klingt auch im Schreiben des Vorsitzenden des SPD-Vorstandes im Exil, Hans Vogel, an Leon Kubowitzki vom Jüdischen Weltkongress an. Im November 1943 [wer 1943 wissen wollte, was 1943 judenmörderisch geschah, konnte es wissen; MW] hatte sich Kubowitzki bei Vogel über die Haltung der SPD gegenüber potenziellen jüdischen Rückkehrern nach Deutschland nach dem Sturz Hitlers erkundigt. In seiner Antwort stellte sich Vogel gegen Diskriminierung jeder Art und versprach die volle Wiederherstellung der Bürgerrechte für Juden. Einschränkend fügte er jedoch Folgendes hinzu: ›Der Erfolg dieser Politik wird nicht allein von der Stärke der kommenden deutschen Arbeiterbewegung und der übrigen Kräfte der deutschen Demokratie, sondern auch von dem Verhalten der deutschen Juden selbst mit abhängen. Die deutschen Juden, die nach Deutschland zurückkehren, müssen durch ihre politische Haltung und durch ihr praktisches Verhalten erkennen lassen, dass sie sich allein verbunden fühlen mit den fortschrittlichen und demokratischen Kräften des deutschen Volkes.‹ … Damit deutete Vogel an, dass die Gleichberechtigung an gewisse Bedingungen geknüpft ist. Zuerst müssten sich die Juden von den Rechtsparteien distanzieren. Erst dann könnten sie Rechte einfordern … Neben dem bürgerlichen Image der Juden führte auch der Alleinanspruch auf den Status des Opfers zu ständigen Spannungen zwischen Juden und Sozialdemokraten. Dieser Anspruch wurde sowohl von sozialdemokratischer als auch von jüdischer Seite erhoben. Insofern legte die Sozialdemokratie großen Wert darauf zu betonen, dass sich die Hitler-Diktatur auch gegen Nichtjuden richtete.« Darauf hat Sigmar Gabriel ja auch hingewiesen.

»Ein weiterer, nicht weniger bedeutender Streitpunkt, der das jüdisch-sozialdemokratische Verhältnis belastete, war die Debatte über das ›andere Deutschland‹ bzw. die Frage des allgemeinen Konsenses über Hitler und der Unterstützung des NS-Regimes in der deutschen Bevölkerung. Von wenigen Ausnahmen abgesehen versuchten die linken Exilpolitiker mit allen Mitteln zu beweisen, dass viele

Deutsche sich mit den sozialistischen Ideen identifizierten und somit nicht antisemitisch sein konnten. Demgegenüber betrachtete die jüdische Presse die Behauptung, dass die überwältigende Mehrheit der Deutschen nichts mit dem Antisemitismus zu tun hatte, als reine Schutzbehauptung.«

»Der Vorwurf der Überbetonung des jüdischen Themas in der Anti-Nazipropaganda bildete einen weiteren Reibungspunkt zwischen Juden und der deutschen Linken. Er ging weit über die sozialdemokratischen Kreise hinaus. Intellektuelle und politische Aktivisten unterschiedlicher Ausrichtung bezeichneten die jüdische Thematik wiederholt als zweitrangiges Thema, das völlig übertrieben zur Geltung gebracht werde. Sogar der Humanist und entschiedene Antisemitismusbekämpfer Heinrich Mann brachte diese vorherrschende Meinung in einer Streitschrift zum Ausdruck: Die Propaganda der Emigration richte sich noch immer fast allein gegen die Judenverfolgungen. … Ein Fehler sei doch vielleicht, dass in den Riesenversammlungen mehrerer Kontinente nur oder hauptsächlich die Klagen der Juden erschallen würden. Sein Neffe, Klaus Mann, wurde noch deutlicher. In einer Filmkritik zu Chaplins ›Großem Diktator‹, schrieb er unter anderem: ›Nichts ist falscher als die Nazitortur als unangenehme Erfahrung nur der Juden darzustellen. Hitlers schändlicher Antisemitismus hat in unserer Propaganda bereits eine zu große Rolle gespielt. Ich habe es immer für einen schweren Fehler gehalten, diesen Blickwinkel überzubetonen … Was der Führer den Polen und Griechen angetan hat, ist mindestens so schlimm wie was er den Juden antut.‹ Auch die große Zahl von Exilanten jüdischer Abstammung an vorderster Front im antifaschistischen Lager wurde von vielen Sozialdemokraten als hinderlich oder sogar als schädlich für die eigenen Ziele empfunden.«

»Zwischen März und Juni 1933 wurde deutlich, dass verschiedene Teile der deutschen Sozialdemokratie, vor allem in Gewerkschaftskreisen, beschlossen hatten, sich dem neuen Regime anzupassen. Darunter befanden sich einige sozialdemokratische Reichstagsabgeordnete unter Führung des ehemaligen Reichstagspräsidenten Paul Löbe und des Vorsitzenden des Allgemeinen Deutschen Gewerkschaftsbundes (ADGB) Theodor Leipart. Nicht zufällig war Siegfried Aufhäuser, Vorsitzender der Arbeitsgemeinschaft freier Angestelltenverbände (AfA) und einziger jüdischer Gewerkschaftsvertreter, nicht bereit, diesen Kurs mitzutragen, und erklärte auf einer Gewerkschaftskonferenz im April 1933 seinen Rücktritt. In den Beratungen erkannten die Befürworter des Anpassungskurses bald, dass ein Arrangement mit den Nazis zunächst die Entfernung sämtlicher jüdischer Mitglieder aus der Partei erfordern würde. Kurz darauf erfolgten erste Schritte in diese Richtung.«

»In Briefen an Mitglieder des Parteivorstands im Prager Exil erhob der ehemalige SPD-Politiker Fritz Naphtali schwere Vorwürfe gegen seine ehemaligen Parteikollegen. Die SPD, so Naphtali, habe sich einen judenfeindlichen Stil angeeignet, der bis zur Parteispitze vorgedrungen sei. Erich Ollenhauer schrieb er Folgendes: ›Denn seien wir doch ehrlich. Nicht nur Mitgliedschaft, sondern auch Bekleidung führender Stellen in der SPD und Antisemitismus haben sich nicht ausgeschlossen, dafür haben wir von März bis Juli oben und unten in der Partei zu viele Beispiele erlebt, die mir schmerzlicher waren als die Schmähungen der Nazis ...‹ Paul Hertz, Mitglied der Parteizentrale und ehemaliger Fraktionsvorsitzender der SPD im Reichstag, auch er jüdischer Abstammung, räumte einige Jahre später ein, dass in der hitzig geführten Parteidebatte im Frühling 1933 latente antijüdische Gefühle zum Leben erwachten.«

»Den Erinnerungen der SPD-Vorstandsmitglieder Friedrich Stampfer und Gustav Noske entnehmen wir, dass die Entfremdung der SPD von ihren jüdischen Mitgliedern nicht erst auf die Ereignisse von 1933 zurückzuführen war. Diese war schon vorher erfolgt und nur aus Gründen der politischen Korrektheit nicht an die Oberfläche getreten.«

»Bei Noske und anderen SPD-Vertretern ging die Wertschätzung für einzelne Juden einher mit dem verinnerlichten negativen Judenbild und der Stigmatisierung von jüdischen Parteimitgliedern osteuropäischer Herkunft als ›ausländische Juden‹. Diese entwurzelten Intellektuellen, die ihre jüdische Identität gegen den Internationalismus eingetauscht hatten, betitelte er pauschal als übersensible, pessimistische, arrogante und aggressive ›Ausländerei‹, die bei jeder Erwähnung des jüdischen Themas gereizt und überempfindlich reagierten.

Doch mehr als an ihren persönlichen Merkmalen stieß sich Noske an ihrem angeblich schädlichen Einfluss auf die Arbeiterbewegung: ›Eine gewisse Ausländerei in der sozialdemokratischen Partei ging einer Anzahl von Mitgliedern je länger je mehr auf die Nerven ... Es hat mit Antisemitismus nichts zu tun, wenn festgestellt wird, dass die ostjüdischen ›Marxisten‹ eine besondere Veranlagung dafür besaßen, den Sozialismus zu einem Dogma auszubilden und Gemeinplätze in Glaubensbekenntnisse zu verwandeln.‹«

»Nicht selten paarte sich auch unter Sozialdemokraten Entsetzen über die brutalen Methoden der Ausgrenzung der Juden aus der Gesellschaft mit der Genugtuung über den Schritt an sich. Die Vorwürfe gegen die Juden reflektierten offensichtlich Standpunkte, die in der Sozialdemokratie stets latent vorhanden gewesen waren und nun von jenen vorgebracht wurden, die unabhängig von ihrer Parteizugehörigkeit judenfeindlich eingestellt waren.«

Bankiers Fazit: »Zusammenfassend und zur Vermeidung von Missverständnissen sei betont, dass hier nicht behauptet wird, die deutsche Sozialdemokratie habe in einer antisemitischen Tradition gestanden. Sie war vielmehr weit vom politischen Antisemitismus entfernt. Jedenfalls gingen von ihr keine judenfeindlichen politischen Impulse aus. Im Gegenteil: Sie verurteilte solche Politik. Andererseits ist der Kampf gegen den Antisemitismus nur ein, wenn auch wichtiger Aspekt des Verhältnisses der SPD zur ›Judenfrage‹, der sich nicht mit dem damaligen Judenbild der Partei zu decken braucht. Hat doch die deutsche politische Kultur des 19. und 20. Jahrhunderts offensichtlich Judenbilder genährt, die sowohl von der Rechten als auch von der Linken absorbiert wurden. Teile der Linken waren mit einer Einstellung behaftet, die als passiver kultureller Antisemitismus bezeichnet werden könnte, mit denselben antijüdischen Vorurteilen, wie sie auch bei den anderen Parteien verwurzelt waren. Jenseits der politischen Rivalität und sämtlicher ideologischer und politischer Trennlinien wurden die Juden übereinstimmend als Fremde betrachtet. Die vulgären Stereotypen der antisemitischen Bewegungen – die Ausgrenzung der Juden aus der Nation oder gar aus der Menschheit – wurden von den Sozialdemokraten nie übernommen, doch spöttische Bemerkungen über ›jüdische Charaktereigenschaften‹ oder Verachtung der Juden als bürgerliche Gruppe waren ihnen nicht fremd. Gleichgültig für wie fortschrittlich sie sich hielten, wie viele jüdische Freunde sie hatten oder wie groß der Anteil der Juden im eigenen politischen Lager war, bei vielen Sozialdemokraten war das Verhältnis zu Juden von der charakteristischen Dichotomie geprägt, wie sie etwa in dem apologetischen Satz ›einige meiner besten Freunde sind Juden‹ zum Ausdruck kommt.«

Was ergab David Bankiers SPD-Forschung für die Zeit des sechsmillionenfachen NS-Judenmordens bis 1945?[2] Sein für ihn selbst offenbar völlig überraschendes Fazit: Die systematische Judenverfolgung habe, wenn überhaupt, auch unter den geflüchteten Sozialdemokraten kaum Beachtung gefunden. Bezogen auf die »Anhänger der Linken« insgesamt zitiert Bankier Franz Neumanns Diktum gegenüber Theodor W. Adorno: Man könne den Nationalsozialismus durchaus beschreiben, ohne der Judenfrage zentrale Bedeutung beizumessen.

Auch nachdem sie Informationen über das Judenmorden erhalten hatten, konnten es viele der führenden Sozialdemokraten, die Hitler und Konsorten hassten, nicht fassen, dass die Berichte über diese Verbrechen den Tatsachen entsprachen. Zu ungeheuerlich, ja, eben unvorstellbar, jenseits aller menschlichen Vorstellungen, schien die Dimension des Grauens. Keiner wollte es verheimlichen oder verniedlichen, doch ein solcher Völkermord schien absurd. Zweifel überwogen an der verzweifelten Lage der Juden Europas.

In diese Richtung weist auch eine Tagebucheintragung Willy Brandts aus seiner Zeit in Schweden, 1942.[3] Dabei hatten so manche Exildemokraten, denen schließlich die Flucht aus NS-Deutschland gelang, zuvor seit 1933 am eigenen Leibe Gewalt, Folter und Morde erlebt. Keiner, der den frühen KZs entkommen war, habe viel Fantasie gebraucht, um sich die mögliche Morddynamik vorstellen zu können. Andere arbeiteten im Exil an Stellen, die über zuverlässige Geheiminformationen verfügten, und jüdische Personen sowie Organisationen, allesamt Sozialdemokraten und Sozialisten nahe oder auch direkt verbunden, hätten hierzu auch diverse Kundgebungen veranstaltet. Wer wissen wollte, habe wissen können. Man habe die Augen verschlossen, verschließen wollen. Interne Gremien deutscher Sozialdemokraten und Sozialisten in Großbritannien hätten sich mit dem Thema Judenmord bis April 1944 kein einziges Mal beschäftigt. Ganz anders britische Gewerkschaftler: Auch sie hatten 1942 unbezweifelbare Informationen über die Judenvernichtung. Sie protestierten öffentlich.

Am 17. Dezember 1942 habe die Dachvereinigung deutscher Exil-Sozialisten jüdischen Genossen eine öffentliche Erklärung übermittelt, in der das Los der Juden beklagt wurde. Ebenso beklagt wie das Leid der Arbeiter unter dem NS-Joch. Woanders hätten sozialdemokratische Exilanten auch das Schicksal der politischen Gefangenen in gleichem Atemzug genannt. Absichtlich oder unabsichtlich unerwähnt, unerkannt, verkannt blieb darin der spezifisch antijüdische Charakter der NS-Judenpolitik. Alles und jedes wurde durch die klassenspezifische Brille gesehen. Eine »rassenspezifische« setzte sich keiner auf. Damit, so Bankier, hätte die deutsche Exillinke im zunehmend pauschal-antideutschen Britannien die wie die meisten Deutschen mitlaufende und mitmachende Arbeiterschaft, also ihre eigene Klientel, kontrafaktisch, als das »Andere Deutschland« darstellen wollen. Bis zum Kriegsende erfolgte keine weitere öffentliche Stellungnahme.

Ein kaum anderes Bild ergaben Bankiers Untersuchungen der deutschen Sozialdemokraten im US-Exil. Die Auslöschung der Juden wäre Teil des Versuchs der Nationalsozialisten gewesen, den Widerstand gegen ihr Regime an sich zu brechen. Gerade in den USA seien die SPD-Exilanten seit 1942 besonders von jüdischen Organisationen ständig mit Informationen über den Fortgang der Judenermordungen versorgt worden. Auf diese Weise, so die jüdische Hoffnung, könnten linke Deutsche die US-Öffentlichkeit und -Politik gegen NS-Deutschland mobilisieren. Keine Reaktion war die Reaktion der SPD-Exilanten. Manche seien auch in Veröffentlichungen so weit gegangen, das von den Nationalsozialisten »den« Deutschen angetane Leid mit dem der Juden gleichzusetzen oder gar stärker zu gewichten. Reinwaschungen der Wehrmacht seien bis 1945 [auch danach, MW] keine Seltenheit gewesen. Kaum zu fassen, diese Absurdität: Deutsche Soldaten hätten beispielsweise beim Warschauer Ghettoaufstand Seit' an Seit' mit Juden gegen die SS gekämpft.

Und die Moral von der Geschichte? Sie sagt viel aus über das Verhältnis zwischen jeglicher Geschichte, Tradition, Herkunft, Person, Institution. Durch freiwillige ebenso wie unfreiwillige Zugehörigkeit zu jedweder Gruppe übernimmt die einzelne Person, zunächst ohne individuelles Zutun, die Vor- und Nachteile der selbst- oder fremdbestimmten Tradition der jeweiligen Institution. Auf diese Weise steht Sigmar Gabriel, schuldloser Sohn eines bis ans Lebesende bekennenden Nazis, als Sozialdemokrat in der Tradition der Antinazis und sogar der Naziopfer. Das klingt polemisch, ist es aber nicht. Ich beschreibe Mechanismen, ich bewerte sie nicht. Hier ist nicht von »Sippenhaft« die Rede, sondern von politischer Mechanik bzw. politischer Funktion. Juden- und moralpolitisch ist, das lernen wir von David Bankier, auch diese Tradition freilich alles andere als faktisch und ethisch makellos. Sie ist, wie so oft, wenn es um Menschen gleich welcher Weltanschauung oder Herkunft geht, mehrschichtig und bezogen auf Braunes nicht durchweg blütenweiß. Weder schwarz noch weiß, grau eben. Wie im wirklichen Leben. Gerade bei Denkmälern empfiehlt es sich, über sie nachzudenken.

Ein deutsches Denkmal ist Willy Brandt. Sowohl generationell als auch ideell und real, denn als Exilant hatte er tatsächlich gegen Braun-Deutschland gekämpft. Als Person gehörte er zur Anti-Nazi-Tradition der SPD. Mehr noch: Nicht zuletzt seine Person gehört zu den Mitbegründern dieser Tradition der SPD als Institution. Ein etwas genauerer Blick ist, wie bei jedem und überall, nötig, um ein genaueres Bild zu bekommen.

Am 1. Januar 1939 veröffentliche Willy Brandt im norwegischen ›Telegraf og Telefon‹ einen recht aufschlussreichen Artikel. Ausführlich und voller Empathie für die verfolgten, misshandelten, gefangenen, entwürdigten und enteigneten deutschen Juden schildert er deren Leidenserfahrungen. »Man könnte viel mehr Beispiele für diese Barbarei nennen.«[4] Richtig. Dann fragt er, was denn, aus Sicht der »Nazisten«[5], der »Sinn« dieser Grausamkeiten sei. »Vieles ist widersinnig in der Politik des Nazismus – hier, wie auf anderen Gebieten. Teils sind die Pogrome nur Ausdruck für den rücksichtslosen Kampf des Nazismus gegen alles, was Humanität heißt, und für seinen

Marsch hin zu einer neuen barbarischen Religion. Judenverfolgungen sind im Verlauf der Geschichte oft als Blitzableiter benutzt worden. So ist es auch dieses Mal. Der Kampf gegen die jüdischen Kapitalisten ist das Einzige, was vom antikapitalistischen Programm des Nazismus übrig geblieben ist.«[6] Woraus wir – leider und falsch – lernen, dass »die« Juden – offenbar alle – »Kapitalisten« waren. Eigentlich, so muss man aus Ton und Inhalt des Textes schließen, sei ja das Vorgehen gegen »die« Kapitalisten richtig, doch eben nicht so. Ja, aber. Hier schrieb jemand, der über die tatsächlich erheblich differenziertere Sozialstruktur »der« Juden nichts oder wenig wusste. Judenanalyse nicht aus der Sicht der »Rasse«, sondern der Klasse. Heute liest sich das peinlich. Damals, 1939, war es der herrschende Zeitgeist unter Sozialdemokraten und Sozialisten. David Bankier hat uns das dokumentiert.

Die Selbstaufgabe des Jüdischen der Juden war und wäre Willy Brandts Ziel gewesen. »Die Assimilierung der Juden, ihr Zusammenschmelzen mit der übrigen deutschen Bevölkerung, war bereits sehr weit gediehen, als die Nazisten an die Macht kamen. Das Naziregime hat diese Entwicklung weit zurückgeworfen. Im Zuge der demokratischen Entwicklung war die Judenfrage im Begriff, auf natürlichem Wege zu verschwinden.« Ebenso die »anormale Sozialstruktur der Juden«, also ihr lupenreiner Kapitalismus.[7]

Was sollte der NS-Terror bewirken? Die »deutsche Bevölkerung einschüchtern.«[8] War das also der eigentliche Skandal NS-deutscher Judenpolitik? Als Teil eins der NS-Strategie.Teil zwei: »Die Expropriation« der deutschen Juden sollte die »deutschen Finanzierungsprobleme« lösen.[9] Teil drei: »Der antisemitische Kurs wird zu Propagandazwecken unter den arabischen Völkern und im Fernen Osten ebenso ausgenutzt, wie er benutzt wird, um reaktionäre Kräfte in Ost- und Südosteuropa zu unterstützen.«[10]

Ein Fortschrittler wäre kein solcher – und Brandt war einer – böte er nicht auch (s)eine Lösung an, die »nur in einer neuen europäischen Ordnung« liege, »wo die Minderheit, die sich eine neue jüdische Nation schaffen will, dazu volle Gelegenheit erhalten muss. Palästina ist genau der Ausweg.«[11]

Wir erkennen: Willy Brandts Denken passte ins allgemeine judenpolitische Bild der sozialdemokratischen Exilanten. Sein Bild von »den« Deutschen ebenfalls. »Es muss zur Ehre des deutschen Volkes gesagt werden, dass es sich nicht aktiv an den Verfolgungen beteiligt hat. Die Opposition war so stark, dass die Sturmtruppen viele Arbeiter und andere verhaftet haben, die gegen den Terror protestiert haben. Es ist eine Solidaritätsbewegung mit den Juden entstanden, die vielleicht ebenso stark ist wie die Opposition des deutschen Volkes gegen den Krieg in diesem Herbst«, womit die Annexion des Sudetenlandes gemeint war.[12] Oh hätte der Fortgang der Geschichte Willy Brandt doch recht gegeben. Wie die allgemein falsche Diagnose der Exil-SPD führte auch seine eben nicht zur Therapie.

Wir springen von der unmittelbaren Vorkriegszeit in die Endphase des Krieges, als die NS-deutsche Niederlage absehbar war. Willy Brandt formulierte am 9. Februar 1945 auf der Mitgliederversammlung der SPD-Ortsgruppe Stockholm seine Vorstellungen über »Deutschlands außenpolitische Stellung nach dem Kriege«. »Deutschland darf sich nicht der Forderung nach Wiedergutmachung widersetzen. Im Gegenteil.«[13] Man ist erleichtert, weil man den späteren bundesdeutschen SPD-»Willy« wiedererkennt.

Er wurde genauer. »Was in Deutschland noch an gestohlenen Sachwerten und vor allem auch an Kunstgegenständen aufzutreiben ist, muss unverzüglich zurückerstattet werden.«[14] Hier war er seiner Zeit weit voraus. Man fühlt sich an die Raubkunstdebatte des frühen 21. Jahrhunderts erinnert. Wie in dieser, ist erstaunlicherweise nur von Kunstgegenständen die Rede, nicht von anderen Raubgütern. Von Immobilien, Unternehmen, Mobiliar, Geschirr und, und, und war und ist auch heute nicht die Rede. Gesundheitsschäden und manch anderes fehlte ebenfalls auf Brandts Liste. Nun gut, eine programmatische Rede soll und muss die großen Linien zeichnen, kein Kleinklein, auch wenn dieses scheinbar Kleine den Betroffenen großen Kummer bereitet hatte.

Vom Allgemeinen zum Besonderen: »Besondere Aufmerksamkeit verdient die Frage der Wiedergutmachung gegenüber den deutschen Bürgern jüdischer Herkunft und [der] zu großem Teil ausgerotteten jüdischen Bevölkerung in anderen Ländern. Was die Bürger jüdischer Herkunft betrifft, die – hoffentlich in nennenswerter Zahl –

nach Deutschland zurückkehren, so sind sie – auch in Bezug auf Entschädigungsfragen – gleichzustellen mit allen übrigen von den Nazis verfolgten Deutschen. Im Übrigen ist auch ernsthaft zu erwägen, ob ein nennenswerter Beitrag aus dem Fond, der aus den beschlagnahmten Nazivermögen zu bilden ist, für das Aufbauwerk jenes Teils der Juden zur Verfügung gestellt werden könnte [im Text: »konnte«], die entschlossen sind, in Palästina ein Nationalheim auf- und auszubauen.«[15]

Juden und Nichtjuden wollte Willy Brandt bei der Wiedergutmachung gleichstellen. Kein Wunder, denn aus seiner und der SPD-Exilsicht, waren sowohl das deutsche Volk als auch die Juden Opfer der NS-Politik. Gewiss, es gab unter »den« Deutschen zahlreiche schuldlose Opfer, doch die Gleichsetzung der Unschuld bzw. Opferrolle war eigentlich schon damals starker Tobak, besser: Geschichtsblindheit. Oder gar Schlimmeres? Ich überlasse anderen die wirklich post-, also nachfaktische Analyse.[16]

Mein Fazit bezüglich des späteren »Friedenskanzlers«: Ein »Antisemit« war Willy Brandt nicht, aber auch er war keineswegs frei von antisemitischen Klischees. Er tolerierte, ja, er akzeptierte die zionistisch-jüdische Option, seiner Zielsetzung entsprach diese Judenversion aber ganz und gar nicht. Er hielt sie für einen Rückschritt, weil das Jüdische nicht im Deutschtum aufging. Fortschritt wäre demnach die Auflösung des Judentums im Deutschtum gewesen. Ganz frei von Völkischem war dieser Gedanke nicht.

Ouvertüre 2: Friedens- und Ostpolitik versus Nahostpolitik

... aber er verkörperte das gute Deutschland, die Moral in der Politik. So beurteilen wohl die meisten Willy Brandt. Und wiederum die meisten lassen dabei das Aber weg. Ja, seine Entspannungs- und Ostpolitik bewies Weitsicht und Mut. Brandts Ostpolitik war weit mehr als nur Politik in der Gegenwart für die Zukunft. Sie war nicht zuletzt überzeugende Real-, Moral- und Geschichtspolitik. Das bedeutet, dass die bundesdeutsche Ostpolitik nicht nur rein politische Züge trug, sondern zugleich historische und ethische Dimensionen aufwies. Sie wurde durch die ungeheuren Lasten der NS-Vergangenheit erschwert. Die Lasten trafen besonders die Sowjetunion, Polen und andere Staaten Osteuropas. Womit wir bereits beim elementaren Konflikt, jawohl, Konflikt bundesdeutscher Geschichtspolitik wären.

Bundesdeutsche Geschichtspolitik nach 1945 betraf nämlich nicht nur die Sowjetunion, Polen und Osteuropa, sondern mindestens ebenso sehr, eher mehr »die« Juden. Das wiederum hieß auf die politischen Wirklichkeiten nach 1945/48 übertragen: Bundesdeutsche Geschichtspolitik betraf »die« Juden Israels sowie der Diaspora.

Hauptadressat bundesdeutscher Ost- und Entspannungspolitik war die Sowjetunion. Mit ihr und über sie sollten (und konnten) auch Widerstände bei den anderen ostpolitischen Adressaten überwunden werden: Polen, die DDR und die (damals noch bestehende) Tschechoslowakei. Der Schlüssel zum »Ostblock« lag in Moskau. Das war die Realität.

Die Sowjetunion und mit ihr der gesamte Ostblock befanden sich, mit Ausnahme Rumäniens unter Diktator Ceausescu, seit 1967 unsichtbar-faktisch und seit 1970 sichtbar-faktisch im Kriegszustand mit dem Jüdischen Staat, Israel.

Vor und nach dem Sechstagekrieg vom Juni 1967, in dem Nassers

Ägypten, die Diktatur Syriens sowie das Königreich Jordanien große Gebiete an Israel verloren hatten, belieferte die Sowjetunion Kairo und Damaskus massiv mit neuen Waffen. Sie hatte auch Militärberater an die altneuen nahöstlichen Fronten am Suezkanal und auf die Golanhöhen entsandt. Moskau unterstützte gemeinsam mit den verbündeten Marionettenstaaten, allen voran der DDR, die diversen palästinensischen Terrorgruppen gegen Israel. Diese operierten aus und auch gegen Jordanien, genauer: gegen das prowestliche und nahostpolitisch gemäßigte Königshaus. Im September 1970 standen die Palästinensergruppen und -truppen unmittelbar vor der gewaltsamen Machtübernahme in Jordanien.

Reaktionen Israels und der jüdischen Diaspora-Welt auf die sowjetischen Aktionen ließen nicht auf sich warten. Den politischen Hebel setzten sie in der sowjetischen Innenpolitik an. Dass nicht nur die Sowjetjuden, sondern auch andere Sowjetbürger sich aus politischen, wirtschaftlichen und religiösen Gründen in der Sowjetunion nicht gerade wohl fühlten, war 1967 sogar der Außenwelt hinlänglich bekannt. Zu den innersowjetischen Dissidenten zählten nicht wenige jüdische Aktivisten, die lieber vorgestern als gestern ihre Heimat verlassen wollten.

Israel und zahlreiche jüdische Organisationen außerhalb Israels gossen Öl ins innersowjetische Feuer. Sie forderten lauthals und in Anlehnung an das alttestamentliche Buch Exodus (9, 1) sowie den durch Louis Armstrong weltberühmten Song: »Let my people go!« Anfänglich schien dieser Druck lächerlich. Er glich dem Piepsen von Mäusen gegenüber Elefanten, bewirkte aber schließlich doch seit den frühen 1970er-Jahren allmählich eine Menge. Um die Wirtschaftslage zu verbessern und im Rahmen der amerikanisch-sowjetischen Entspannungspolitik strebte Moskau Handelsvergünstigungen seitens der USA an. Diese machte der US-Kongress 1974 unter anderem von Ausreiseerleichterungen für Sowjetjuden abhängig. Im Parlament durchgebracht hatten dieses Gesetz die beiden proisraelischen Senatoren Henry Jackson und Charles Vanik. Beide gehörten zur Fraktion der Demokraten. Wir erkennen das Gemisch aus weltweiter Entspannungs-, Wirtschafts-, Nahost- und Judenpolitik, also Geschichtspolitik.

Trotz des erheblichen Einsatzes der Sowjetunion und ihrer Verbündeten zugunsten ihrer arabischen Nahost-Klientel von 1955 bis 1967 und danach verlief gerade das Jahr 1970, also der Schlüsselzeitraum bundesdeutscher Ostpolitik, für den Ostblock nahostpolitisch geradezu desaströs.

Zur Jahreswende 1969/70 hatte sich Israel im Abnutzungskrieg, den Ägypten im Herbst 1967 (andere rechnen ab Juni 1968) begonnen hatte, die fast absolute Lufthoheit über dem Nil-Staat erkämpft. Jedes beliebige ägyptische Ziel konnten sich Israels Kampfpiloten nach Vorgaben der Politik auswählen. Wie 1967 drohte Nassers Truppen eine totale militärische Niederlage. Nun zog die Kremlführung unter Breschnew die Notbremse zugunsten ihres ägyptischen Politik-Kunden. Sowjetische Piloten griffen ein. Auch sie stießen auf unerwarteten Widerstand der israelischen Luftwaffe. Am 30. Juli 1970 wurden fünf MIG 21 Kampfflugzeuge von israelischen Jagdbombern abgeschossen. Vier sowjetische Piloten verloren dabei ihr Leben. Eine Ausweitung des ägyptisch-israelischen Krieges zu einem sowjetisch-israelischen und damit möglicherweise, sozusagen aus Versehen, zu einem sowjetisch-amerikanischen schien plötzlich alles andere als unwahrscheinlich.

In dieser prekären Lage schaltete sich die Nixon-Kissinger-Administration ein, also die USA. Es ging blitzschnell. Anfang August 1970 wurden Ägypten und Israel von ihren jeweiligen Schutzmächten »überzeugt«, einem Waffenstillstad zuzustimmen. Israel wurde dabei von den USA so sehr an die Kandare genommen, dass es nicht reagieren durfte, als Ägypten nach Eintritt des Waffenstillstands vertragswidrig die damals wirksamsten sowjetischen Luftabwehrraketen am Suezkanal aufstellte. Im Jom-Kippur-Krieg, Oktober 1973, haben diese Geschosse die israelische Luftwaffe beinahe lahmgelegt. Sie erlitt schwerste Verluste.

Was hat diese Nahostpolitik mit Willy Brandts Ostpolitik zu tun? Sehr viel, denn 1970 war, wie gesagt, das Schlüsseljahr bundesdeutscher Ostpolitik, die zugleich Geschichtspolitik war.

1970 waren der Moskauer und der Warschauer Vertrag geschlossen worden, zur Normalisierung der Beziehungen und zur Förderung des Entspannungsprozesses mit der Sowjetunion und Polen.

Das bedeutete, dass Bonn seit diesem Zeitpunkt, aber auch bis zum Jom-Kippur-Krieg vom Oktober 1973, eigentlich bis in die Gorbatschow-Ära, als Moskau seine antiisraelische Politik aufgab, einen Drahtseilakt vollführen musste: Geschichtspolitik 1 gegenüber Osteuropa oder Geschichtspolitik 2 gegenüber Israel und, damit verknüpft, gegenüber »den« Juden. Das ist eine offensichtliche, empirisch belegbare Tatsache, die von den Chronisten bisher nicht wirklich erkannt, benannt und beschrieben wurde.

Es mag einem gefallen oder nicht: Die Bonner Realpolitik entschied über die nur scheinbar zweitrangige moral- bzw. geschichtspolitische Frage, die da lautete: Wem gegenüber trägt Deutschland aufgrund von Weltkrieg und Holocaust größere Schuld: gegenüber »den« Juden oder »den« Völkern Osteuropas, allen voran »den« Sowjetbürgern und Polen?

Jede Antwort auf diese moral- und geschichtspolitische Elementarfrage würde zur zynischen Aufrechnung deutsch-nationalsozialistischer Gräueltaten führen. Eine solch unmoralische Buchführung wird hier kategorisch zurückgewiesen. Realpolitisch, national- und kontinentalpolitisch war Ostpolitik als deutsche und westeuropäische Interessenpolitik in erster Linie Realpolitik. Punkt. Freilich, der Brandt'schen Realpolitik wurden, durchaus ehrlich gemeinte, größere Portionen Moral- und Geschichtspolitik hinzugefügt. Die Prioritäten waren jedoch eindeutig: Vorrang der Ostpolitik vor der Nahostpolitik und damit Vorrang der Geschichts- und Realpolitik gegenüber »den« Osteuropäern«, nicht »den« Juden.

War das nicht verständlich? Der eigentlich nahe Osten Deutschlands ist Osteuropa, und die dominante Macht Osteuropas war die Sowjetunion, ist seit 1991 Russland. Der Nahe Osten, der Vordere Orient, ist nun einmal weiter von Deutschland entfernt. Warschau und Moskau waren und sind Deutschland nicht nur geografisch näher als Kairo, Damaskus, Amman oder Tel Aviv. Folgerichtig mussten Willy Brandt und seine Partner von 1970 bis 1974 ihre geschichts- und erst recht ihre realpolitischen Prioritäten zugunsten der Ost- und nicht der Nahost-, Israel- und Judenpolitik setzen. Dass sie sich hierfür tatsächlich entschieden, ohne darüber lange nachzudenken oder gar an Seelenschmerzen zu leiden, wird in den folgenden Kapiteln anhand verschiedener Fallbeispiele erläutert.

Nebenbei und wenn man den Blick über Willy Brandt hinaus richtet: Willy Brandts Nachfolger, Bundeskanzler Helmut Schmidt, hat Brandts immerhin noch eher sanften Kurs geradezu zackig vertreten, umgesetzt und nahost- sowie interessenpolitisch (aber auch moralisch?) verständlich zugunsten der Arabisch-Islamischen Welt und gegen Israel ausgerichtet, das er im Herbst 1980 als »größte Gefahr für den Weltfrieden« bezeichnete. Es sei auch an Helmut Schmidts ARD-Fernsehinterview vom 30. April 1981 erinnert. Ausgerechnet im unmittelbaren Anschluss an seinen Besuch in Saudi-Arabien verkündete er, dass deutsche Politik nicht länger von Auschwitz überschattet sein solle. Er nannte zudem ausdrücklich die Namen einiger Völker Osteuropas, an denen Hitler-Deutschland unglaubliche Verbrechen begangen habe, und fasste die übrigen unter »et cetera et cetera« zusammen. Kein Wort von den Juden. Die durfte, sollte oder konnte man unter »et cetera et cetera« vermuten.[1] Angesichts der Massenmord-Dimensionen des Holocaust waren diese Worte, zumindest deutschamtlich und erst recht von einem Sozialdemokraten (mit einem jüdischen Großvater), sagen wir, recht ungewöhnlich.

So weit hat es Willy Brandt als Kanzler nicht kommen lassen. Man darf allerdings nicht übersehen, dass er im Rahmen seiner Neuen Ostpolitik das polnische Regime umwarb, das kurz zuvor, 1967 und besonders im März 1968, eine regelrechte Antisemitismus-Welle zugelassen hatte. Treibende Kraft war dabei Innenminister Mieczyslaw Moczar. Wahrlich nicht passiv verhielten sich Parteichef Wladyslaw Gomulka sowie sein späterer Nachfolger (und enger Partner der Helmut-Schmidt'schen-Ostpolitik) Edward Gierek.

Trotzdem oder gerade deshalb: Um den Status quo in Deutschland und Europa sicherer zu gestalten, musste Willy Brandt seit 1970 im Rahmen der neuen Bonner Außenpolitik und mithilfe seines Haupt- und Meisterstrategen Egon Bahr die real- und geschichtspolitischen Prioritäten zugunsten der Ost- und zuungunsten der proisraelischen Nahostpolitik setzen. Diese Prioritätensetzung war nicht antijüdisch oder antiisraelisch gemeint, aber, wie zu zeigen, hat sie zu erheblichen beidseitigen Irritationen geführt. Sie hat die jüdisch-israelische Welt verunsichert und verärgert.

Da ich nicht alle und jeden für »Antisemiten« halte oder hinter jedem Vorhang einen solchen vermute, ist mir völlig schleierhaft, weshalb die nahost-, israel- und damit auch judenpolitische Dimension der bundesdeutschen Ostpolitik seinerzeit von den wenigsten Bonner Akteuren beachtet, danach im Gedächtnis behalten oder auch in wissenschaftlichen oder journalistischen Veröffentlichungen wahrgenommen, geschweige denn untersucht und dargestellt wurde. Ich jedenfalls kenne – außer meinen eigenen und außer amtsjüdischen oder israelischen – keine diesbezüglichen Veröffentlichungen oder Stellungnahmen. Auch in seriösen Brandt-Biografien wird man nach einer Verbindung der beiden großen Themen vergeblich suchen.

Man könnte einwenden: Es waren zwei Politikstränge, die parallel verliefen. Ja, meistens parallel, aber manchmal kreuzten sie sich sehr wohl. Erst recht und vor allem im Zusammenhang mit dem Kniefall am Mahnmal für die Opfer des Warschauer Ghettoaufstands im Jahre 1943. Es ist ja kaum zu übersehen, dass jenes Mahnmal jüdischen Opfern gewidmet ist und nicht etwa Eskimos oder den alten Wikingern.

Nahost- und Israelpolitik ist seit jeher direkt oder indirekt eben auch Judenpolitik und damit für Europäer und erst recht für Deutsche unvermeidlich Geschichtspolitik. *In diesem Buch wird erstmals über Brandts Kniefall hinaus die eigentlich zwingende Verknüpfung bundesdeutscher Ost- und Nahostpolitik hergestellt.* Sie steht für eine Mischung aus Moral- und knallharter Realpolitik. Sie enthält freilich auch, wenngleich wahrlich nicht nur, ehrliche Friedens»lyrik«. Es geht weder um Schönfärberei noch um Bilderstürmerei. Es geht um Tatsachen.

Erfunden hatten die westliche Ost- bzw. Entspannungspolitik weder Willy Brandt noch Egon Bahr. Das mindert ihre Verdienste nicht. Willy Brandts im Herbst 1969 eingeleitete, auf die Sowjetunion und die kommunistischen Staaten Osteuropas ausgerichtete Entspannungspolitik hatte zwei Vorläufer: Der eine hieß Charles de Gaulle. Er war von 1958 bis 1969 Staatspräsident Frankreichs, der andere hieß Richard Nixon. Nixon war von 1969 bis zu seinem durch die Watergate-Affäre erzwungenen Rücktritt 1974 Präsident der Vereinigten Staaten von Amerika. Dieser von Antisemitismen alles andere als freie US-Präsident leitete mit seinem ursprünglich deutschjüdischen Außenminister Henry Kissinger eine neue Ära der Ost-West-Beziehungen ein. De Gaulle hatte damit in den frühen 1960er-Jahren begonnen, Nixon Anfang 1969. Als Willy Brandt im Oktober 1969 Bundeskanzler wurde, lag Entspannung trotz des Sowjet-Überfalls auf die ČSSR und trotz des Vietnamkriegs weltpolitisch sozusagen in der Luft. Der Begriff war damals allerdings im deutschen sowie im angelsächsischen Politik-Vokabular eher ungebräuchlich.

»Erfinder« und Pionier westlicher Entspannungspolitik war zweifellos Frankreichs Staatspräsident Charles de Gaulle, und in seiner »Détente« schwang nicht nur politischer Erfindergeist mit, sondern auch eine deftige Portion Anti-Amerikanismus. Doch selbst im amerikanischen Politik-Wortschatz bürgerte sich der französische Begriff »Détente« ein. Deutschland (wer immer das in diesem Falle war) wollte weder français noch anglais, englisch oder gar franglais und bewahrte sprachliche Selbstständigkeit. Seit Anfang der 1970er-Jahre ist »Entspannung« im Deutschen ein (aus meiner Sicht zu Recht) positiv besetztes Jedermannswort.

Wo gibt es nur Gutes und Reines, Feines? Nicht einmal in der Entspannungspolitik. Sie brachte einerseits Europa und der Welt mehr Sicherheit, die man (ebenfalls zu Recht) »Sicherheit und Zusammenarbeit« nannte und 1975 völkerrechtlich entsprechend in Helsinki auf der »Konferenz für Sicherheit und Zusammenarbeit in Europa« besiegelte. Doch jene Entspannung sicherte nur den Bürgern Westeuropas ihre Freiheit. Sie zementierte und verlängerte – bis zum Durchschneiden des ungarischen Grenzzauns sowie dem Fall der Berliner Mauer 1989 – scheinbar dauerhaft die Unfreiheit. Wie und von wem diese Unfreiheit hätte abgekürzt werden können, ist eine sinnlose Wenn-dann-Frage. Ein Jahr nach Helsinki, 1976, begann die Sowjetunion, auf Westeuropa gerichtete SS-20-Mittelstrecken-Raketen zu installieren, auf die der Westen 1979 mit der NATO-Nachrüstung reagierte. Einer ihrer Väter war Brandts Nachfolger Helmut Schmidt, der sich auch damit von seinem Vorgänger absetzte, was schließlich parteiintern der Anfang vom Ende der Ära Schmidt war – mit Willy Brandts Nachhilfe.

Den Doppelcharakter von Freiheit plus Unfreiheit der Entspannungspolitik personifiziert ihr dritter Vorreiter: der rumänische Diktator Ceausescu. Etwa zur selben Zeit wie Frankreichs de Gaulle im Westen praktizierte der innenpolitisch brutale Stalinist ost-westliche Entspannungspolitik. »Seine« Hegemonialmacht, die Sowjetunion, war über die Détente des Rumänen zunächst ebenso begeistert wie die USA über den eigensinnigen Franzosen. Die Behauptung, dass Nixon und Kissinger über Brandt, geschweige denn Egon Bahr begeistert gewesen wären oder ihnen vollständig vertraut hätten, dürfte auch eher in ein Märchen- als in ein seriöses Geschichtsbuch gehören.

De Gaulle war nicht nur Pionier westeuropäischer Entspannungspolitik. Er eröffnete auch den Reigen der Distanzierungen westeuropäischer Regierungen von Israel. Sanft eingeleitet hatte er Frankreichs Abkehr von der deutlich proisraelischen Nahostpolitik bereits 1962. Vorher hatte er, wie seine Vorgänger, mit Israel zusammengearbeitet, um die algerischen Aufständischen (manche sagen lieber »Freiheitskämpfer«) zu bekämpfen. Das war vergeblich. 1962 wurde Algerien unabhängig. Der Algerienkrieg war de Gaulle in jeder Hinsicht zu teuer. Ein Ende mit Schrecken zog er einem Schrecken ohne Ende vor.

Getreu dem Schiller-Motto »Der Mohr hat seine Arbeit getan, der Mohr kann gehen« plante de Gaulle seit der Unabhängigkeit Algeriens einen nahostpolitischen Seitenwechsel zugunsten der arabischen Welt. Dieser erfolgte zunächst sacht und langsam. Am 27. November 1967, nach dem Sechstagekrieg, für den er Israel verantwortlich machte, ließ er seine politische Bombe auf einer dramatisch inszenierten Pressekonferenz platzen. Er kritisierte und attackierte nicht nur den Staat Israel, er charakterisierte »die« Juden als »Elitevolk, herrschbegierig und selbstbewusst«. (Wo und wann »herrschten« »die« nach der dritten Zerstörung ihrer Staatlichkeit über sich selbst oder gar andere Völker? Zur Erinnerung: Jüdische Staatlichkeit wurde 721 vor durch Assyrien, 586 vor durch Babylon und 70 nach Christus durch Rom zerstört.) Da war sie wieder, wenngleich etwas variiert: die Legende von der »Jüdischen Weltherrschaft« oder »Weltverschwörung«. Selbst der hochgebildete Präsident-General griff also tief in die Mottenkiste des »klassischen Antisemitismus«. Den französischen Juden unterstellte er, wie weiland Deutschlands Star-Historiker Heinrich Treitschke (1834–1896) den deutschen Juden, eine »doppelte Loyalität«.[2]

Seit de Gaulles Anti-Israel- und Antijuden-Tiraden lag in Westeuropa nicht unbedingt Antisemitismus, doch zumindest eine Distanzierung von Israel sozusagen in der Luft. Gleichzeitig, und noch mehr seit Mai 1968, führte die Neue Linke Frankreichs und Westeuropas vor, dass Links die Verbindung von Antiisraelismus plus Antisemitismus ebenso gut beherrschte wie Alt- und Neurechts.

Anfang 1969 ließ auch der frischgebackene US-Präsident Richard Nixon durch seinen Nahostbeauftragten William Scranton verkünden, er wolle eine »ausgewogenere« (»more evenhanded«) Politik im Orient verfolgen als sein Vorgänger Lyndon B. Johnson. Dieser hatte im Februar 1968 nach de Gaulles Bruch mit Israel als erster (!) US-Präsident wirklich massiven Waffenlieferungen an den Jüdischen Staat zugestimmt. Ironie der Geschichte: Im und seit dem Jom-Kippur-Krieg vom Oktober 1973 ließ Nixon viel massivere Waffenlieferungen an Israel zu als irgendeiner seiner Amtsvorgänger. Anders als oft behauptet, war erst der Nixon'sche Waffen-Nachschub von 1973/74 (und nicht 1948 die Unabhängigkeit Israels) der wahre Beginn der Strategischen Partnerschaft zwischen den USA und dem Jüdischen Staat.

Zugunsten seiner globalen und nahostpolitischen Strategie warf Richard Nixon nicht nur seine, sondern auch die in der Regel keineswegs nur judenfreundliche Weltsicht seiner Republikaner-Partei über Bord. Langfristig leitete er damit auch innenpolitisch einen strategischen Wandel ein: Er höhlte die seit 1936 bestehende Wähler-Allianz der »Roosevelt-Koalition« aus. Sie bestand aus der nahezu vollständigen Identifizierung der US-Juden mit der Demokraten-Partei. Bis heute wählen die meisten amerikanischen Juden Kandidaten der Demokratischen Partei, doch seit Nixon und nach ihm Ronald Reagan, Bush Vater und Sohn bis zu Trump 2016 unterstützen mehr Juden als zuvor leichteren Herzens die Republikaner.

Dieser nicht unerhebliche Wähler- und Gesinnungswandel der US-Juden von den Demokraten zu den Republikanern findet in der Bundesrepublik eine durchaus vergleichbare, wenngleich nicht vollständige Entsprechung. Seit Willy Brandts und erst recht nach Helmut Schmidts und Gerhard Schröders Kanzlerschaft hat sich die bundesdeutsch-jüdische Verbindung zur Sozialdemokratie erheblich gelockert.

Wir erkennen: Westliche Israel-Distanzierung musste nicht von Brandts sozialliberaler Koalition erfunden werden. Sie ging allerdings nie so weit wie bei de Gaulle und seinen nicht israel-, doch judenpolitisch eher Florett fechtenden Nachfolgern Pompidou, Giscard d'Estaing und Chirac. Die USA schalteten, wie gesagt, seit Oktober 1973 nahostpolitisch um.

Auch wenn die Entspannungs- und Nahostpolitk Vorläufer hatte, Willy Brandt war ein Kanzler des Auf- und Umbruchs. Seine moralischen Politik-Ansätze solltem nicht infrage gestellt werden. Das muss aber auch nicht heißen, dass die knallhart realpolitischen Züge daran zu beschönigen sind; es sei denn, man wäre ideologisch verbohrt.

Hauptadressat und Partner der Neuen Ostpolitik von Willy Brandt und seinem Außenminister Walter Scheel, von SPD und FDP, war die Sowjetunion. Eine Diktatur, deren Panzer im August 1968, also nicht lange vor der Ostpolitik von Sozial- und Freidemokaten, das zarte Pflänzchen eines demokratischen Sozialismus in der Tschechoslowakei niedergewalzt hatten. Wenn Moral gegen harte Realitäten prallt, wird sie per se nicht unmoralisch, bekommt aber doch ein paar Dellen. Aus Moralpolitik wird eine Mixtur aus Moral- und Realpolitik. Das disqualifiziert nicht die Moral, es relativiert sie und trübt den Heiligenschein, den diese und jene aus taktisch ideologischen oder parteipolitischen Gründen ihren Polit-Idolen gerne aufsetzen. Selbst Idole entsprechen selten dem Ideal.

Willy Brandt wollte den »mündigen Bürger«. Das war, ganz im Sinne Kants, aufklärerisch, denn für den Königsberger Philosophen war Aufklärung »der Ausgang des Menschen aus seiner selbst verschuldeten Unmündigkeit«. Wenn wir also am Willy-Brandt-Denkmal kratzen, handeln wir in seinem Sinne mündig bzw. aufklärerisch. Nur Diktaturen setzen auf Personenkult, denn sie wollen ihre Bürger unmündig halten. Wie bei allen Menschen menschelte es auch bei Willy Brandt. Das schloss Größe und Großes nicht aus, so wenig wie Schwächen, Fehler und Defizite. Hinreißend menschlich hat Willy Brandts jüngster Sohn, der Schauspieler Matthias Brandt, in seinem Buch ›Raumpatrouille‹ (2016) seinen Vater dargestellt. Den Liebeskuss gibt es auch ohne Kult.

Dem vierten Kanzler unserer bundesdeutschdemokratischen Republik wurden unseres Wissens nur drei Denkmäler gesetzt, nämlich in der Berliner SPD-Parteizentrale, am Nürnberger Willy-Brandt-Platz sowie im Stockholmer Vor- einst Brandt-Wohnort Hammarbyhöjden, doch der ihm 1971 verliehene Friedensnobelpreis und die damit verbundene Aura wirken bis heute wie ein Denkmal.

Willy Brandt ist so etwas wie eine weltliche Ikone. Nicht zuletzt wegen seines legendären Kniefalls am Denkmal für die Opfer des Warschauer Ghettoaufstands. Wer könnte diese großartige Geste neubundesdeutscher Demut vom 7. Dezember 1970 je vergessen oder ihr symbolisches Gewicht mindern wollen? Doch selbst diese Noblesse hatte ihre Vorgeschichte: heftige Verärgerungen und schlimmste Verdächtigungen zwischen der sozialliberalen Brandt-Scheel-Koalition einerseits sowie andererseits der deutschjüdischen, gesamtdiasporajüdischen und israelischen Welt. Thomas Brechenmacher und ich haben das in unserem Buch ›Denkmalsturz? Brandts Kniefall‹ (2005) erforscht, beschrieben und eingeordnet, inklusive des nationalen und internationalen Hintergrunds.

Anfang Oktober 1970 schienen die deutsch-jüdisch-israelischen Beziehungen zerrüttet. In dieser Situation hatte Klaus Harpprecht, Freund und Vertrauter Brandts, dem Kanzler eine »öffentliche Geste« gegenüber der jüdischen Welt empfohlen.[3] Sie wurde geliefert. Bei der ersten, bei der besten Gelegenheit: am Ghetto-Mahnmal von Warschau. Schon vielen seiner Zeitgenossen galt Willy Brandt seitdem als »Friedenskanzler« und als Denkmal. Inzwischen steht er fest auf dem Podest.

Denn die von Egon Bahr gedanklich entwickelte und vornehmlich von Willy Brandt durchgesetzte Ostpolitik (er)öffnete – trotz ihrer Doppelbödigkeit von besser gesicherter Freiheit für den Westen und verlängerter Unfreiheit im Osten – ein neues, gutes, weil kriegsfreies Kapitel der deutschen, europäischen und Weltgeschichte. Trotz der freiheitspolitischen Defizite ist es nicht übertrieben, einen Bogen von der Ostpolitik zur Wiedervereinigung Deutschlands und dem Ende der diktatorisch-kommunistischen Ostblockwelt zu schlagen. Von einer (aus westlich demokratischer) Sicht guten zu einer (gesamteuropäisch und global) besseren Welt. Diese Welt war kein Paradies und keineswegs das Ende der Geschichte, aber besser, weil freier als vorher, auch wenn diese Freiheit nicht immer und überall bestmöglich genutzt wurde (oder wird).

Wir betrachten einen heiklen Ausschnitt aus der Ära Brandt, vielleicht den heikelsten bundesdeutscher Politik und Geschichte über diese Ära hinaus: die Judenpolitik in fast allen ihren Verflechtungen, israelischen, arabischen, islamischen, west- und osteuropäischen, amerikanischen, nicht zuletzt globalen. Realität und Moralität prallen dabei hart aufeinander. Die um Juden- und Weltpolitik erweiterte Sicht auf die Ostpolitik Brandts eröffnet neue, andere Blicke. Vieles sieht plötzlich anders aus. Statt Schwarz oder Weiß sehen wir viel Grau. Auch krasses Versagen. Uns sträubten sich bei der Lektüre der Dokumente manchmal die Haare. Manchen Lesern mag es ähnlich ergehen.

Das Jahr 1972 war innenpolitisch sehr turbulent. Im April war zwar ein Misstrauensvotum der CDU/CSU-Opposition gescheitert, aber die Bundesregierung bekam keine Mehrheit mehr für ihren Haushaltsentwurf. Wie sich später herausstellte, hatte die DDR die dafür notwendigen zwei Stimmen gekauft. Der Bundestag wurde aufgelöst, für den November wurden Neuwahlen angesetzt (in denen die SPD dann das beste Ergebnis ihrer Geschichte einfuhr). Das blutige Attentat auf israelische Sportler während der Münchner Olympiade im September 1972 traf Brandts Regierung völlig unerwartet. Die damalige Gefahrenanalyse war stümperhaft. Ein Wille zur Wehrhaftigkeit war ohnehin nicht vorhanden, aus historisch sympathischen moralischen Motiven, mit einem Ergebnis, das unmoralisch war, weil es Menschenleben gefährdete. Drei der am Attentat beteiligten palästinensischen Terroristen überlebten. Sie wurden in München inhaftiert und dann von ihren Kampfgenossen durch die Entführung einer Lufthansamaschine im Oktober 1972 freigepresst.

Bei genauer Betrachtung werfen sich folgende Fragen auf: Hat Willy Brandt, hat seine Koalition oder hat gar die CDU/CSU-Opposition dabei mit Terroristen zusammengearbeitet, um weitere Gewaltakte in Deutschland zu verhindern, die dann woanders stattfanden? Opferte die Brandt-Regierung während des Bundestagswahlkampfes die moralischen und praktischen Grundlagen ihrer Nahost-, Friedens- und Anti-Terror-Politik auf dem Altar der Ostpolitik? Überraschend und erschreckend dabei: Die Bundesregierung bediente sich bei diesem, sagen wir diplomatisch, Austausch mit den Erpressern eines alten NS-Kämpfers. Dieser hatte nach dem Zweiten Weltkrieg in Ägypten Unterschlupf gefunden. Das ehemalige Mitglied der Waffen-SS setzte in Gamal Abdel Nassers von Hitlers einstigem Todfeind Sowjetunion gestützten Ägypten seine bis 1945 ausgeübte Tätigkeit fort: Krieg gegen die Juden. Annäherung ohne Wandel. Das deutsch-israelische Verhältnis war nach der Freilassung der Terroristen schwer belastet.

Ein Jahr später, im Oktober 1973, fand der Jom-Kippur-Krieg statt. Israel wurde am höchsten jüdischen Feiertag überraschend von Ägypten und Syrien angegriffen und die Gefahr, dass es überrannt wurde, war akut. Zu diesem Zeitpunkt kriselte es auch zwischen Bonn und Washington, das war damals jedermann erkennbar. Allerdings hat sich die Geschichtsforschung bisher nicht gründlich genug damit befasst, um Ausmaß und Tiefe der bundesdeutsch-amerikanischen Krise zu ermessen. Hinter den Kulissen flogen die Fetzen zwischen dem NATO-Mitglied in Bonn und der NATO-Vormacht in Washington. Absurd, aber wahr: Zur selben Zeit schützten US-Truppen die Grenze der Bundesrepublik zum Ostblock. Es gab einen Moment, in dem ein Atomkrieg zwischen den Westmächten und der Sowjetunion plötzlich denkbar erschien. Ausgerechnet zu diesem Zeitpunkt war von bundesdeutscher Bündnistreue nicht viel zu erkennen.

In die Mühlen von Krieg und Terror geriet auch Brandts Juden-, Israel- und Nahostpolitik. Hier musste Brandt, anders als in seiner Ostpolitik, nicht die Folgen eines vergangenen Krieges regeln. Hier war er vorrangig Nebenakteur einer fortlaufenden, ununterbrochenen und bis heute zu beklagenden Mischung aus Kriegs-, Guerilla- und Terrorgewalt. Wenn man sich fragt, ob der Friedenskanzler auch in Nahost versucht hat, über wohlmeinende Appelle hinaus friedensstiftend zu wirken, kommt man zu einer ernüchternden Bilanz. Dabei war Willy Brandt im Sommer 1973 tatsächlich die einmalige Gelegenheit geboten worden, diesen Krieg zu verhindern.

Die Probleme, die Juden-, Israel- und Nahostpolitik der bundesdeutschen Ostpolitik Brandts bereiteten, sind offensichtlich. Sie sind eigentlich unübersehbar. Sie hatten den Akteuren – auch wenn sie das später vergaßen oder verdrängten – nicht nur einmal Kopfschmerzen und Ungemach bereitet. Thematisiert wurden diese Widersprüche bzw. Prioritätenkonflikte weder von den Akteuren noch von den Analytikern, auch später nicht.

Wir wollen anhand von fünf Fallstudien die Widersprüche zwischen Ostpolitik einerseits und Juden-, Israel- , Nahost- und außerdeutscher Friedenspolitik andererseits aufzeigen. Diese Fallstudien wurden in erheblich verkürzter Form unabhängig voneinander bereits veröffentlicht. In der ›FAZ‹ vom 5. September 2012 (Olympia 1972), im Bayerischen Fernsehen in der Sendung ›Kontrovers‹ am 5. Juni 2013 sowie als Kurzversion in ›Report München‹ am 18. Juni 2013 (die Freilassung der palästinensischen Terroristen), Willy Brandts Möglichkeit, den Nahostkrieg 1973 zu verhindern (›Welt am Sonntag‹, 9. Juni 2013) und Brandts Krisenmanagement im Oktoberkrieg 1973 (›Welt am Sonntag‹, 25. Oktober 2013).

Obwohl mehrfach von ›Welt‹ und Bayerischem Fernsehen angefragt, waren führende Sozialdemokraten und teils auch Freidemokraten nicht bereit, die einzelnen Fallstudien zu kommentieren. Anders als tagesgefesselte Medien und ums eigene Überleben kämpfende Tagespolitiker können dem Bleibenden verpflichtete Historiker jene verschweigende Weigerung grundsätzlich gelassen hinnehmen, denn Geschichtsforschung macht Vergessen durch Verschweigen oder Schönfärben unmöglich. Die Willy-Brandt-Stiftung veröffentlichte im

Jahr 2014 eine Schrift mit dem Titel ›Aus historischer Verantwortung, moralischer Verpflichtung und politischer Überzeugung. Wie sich Bundeskanzler Willy Brandt um Israel und den Frieden im Nahen Osten bemühte‹.[4] Wer die Ergebnisse unserer Forschung betrachtet, wird dieser honigsüßen Geschichtsthese nicht ohne Weiteres folgen wollen. Sie ähnelt der Geschichtsschreibung der Hofhistoriker zur chinesischen Kaiserzeit.

Die Jahrhundert-Geste: Brandts Kniefall[1]

Die Entjudaisierung und Polonisierung der jüdischen Opfer

Kanzler Willy Brandts Kniefall im Jahr 1970 hatte absurde Auswirkungen. Seine Jahrhundertgeste am Warschauer Mahnmal für die Opfer des gegen die SS- und Wehrmachtsmörder gerichteten Ghettoaufstands von 1943 hat die Erinnerung an die jüdischen Märtyrer sozusagen entjudaisiert und zugleich polonisiert. *Entjudaisierung* einerseits und *Polonisierung* andererseits – das klingt polemisch und überspitzt, ist es aber nicht: Dieser Ghetto-Gedenkort wurde seit dem Kanzler-Kniefall quasi »judenrein«. Von »Historischen Orten« sprechen Historiker neuerdings gar nicht mehr so gerne, weil sich jeder seine eigene Bestimmung dieses Begriffs konstruiert. Der Ort, an dem seit 1946 das Ghetto-Mahnmal steht, ist aber tatsächlich ein Historischer Ort, denn das Mahnmal steht genau da, wo sich die Ruinen des ausgebrannten Ghettos befanden, wo tatsächlich Historisch-Schreckliches verübt worden war. Das Schreckliche wurde an Juden verübt, weil sie Juden waren, aus keinem anderen Grund. Im Warschauer Ghetto waren Juden zusammengepfercht. Deshalb ist Jüdisches von diesem Ort nicht zu trennen.

Das ist das Besondere dieses Ortes. Wer dieses Besondere in das Allgemeine überführt, löst das Besondere auf. Genau dies fand damals statt, in der Wahrnehmung und Begründung der politischen Akteure. Noch mehr in den Darstellungen und Erklärungen der Historiker oder Journalisten. Am meisten wohl in der Nachwelt. Zumindest der deutschen. Mit dem Stichwort »Ghetto-Mahnmal Warschau« verbindet »man« in Deutschland heute eher Brandts Kniefall als jüdische NS-Opfer, und wenn Opfer, dann ganz allgemein eher Polen als Juden, polnische Juden oder jüdische Polen. Die Erklärung hierfür ist leicht gefunden: Viele Deutsche und andere Nicht-Polen setzen den Aufstand der Warschauer Ghettojuden aus dem Jahre 1943 mit dem nationalpolnischen Aufstand gegen die deutschen Besatzer vom Sommer 1944 gleich. Willy Brandt selbst, sein Berater-Freund Egon Bahr sowie Ex-Bundespräsident Roman Herzog zählen zu den prominenten Gleichsetzern beziehungsweise Verwechslern.[2] Wenn sogar diese Musterschüler deutscher Politik und deutschen Politikwissens die beiden (leider gescheiterten) Aufstandsversuche verwechselten, kann man weniger informierten Menschen nicht vorwerfen, sie wüssten zu wenig oder nichts.

Auch aus bundesdeutscher Nachkriegssicht mag dieses Missverständnis nachvollziehbar sein. Es ist allerdings auch ein Zeugnis dafür, dass es an Grundkenntnissen polnisch-jüdischer Geschichte fehlt. Beide Aufstände, der jüdische von 1943 und der nationalpolnische von 1944, richteten sich gegen die mörderischen deutschen Besatzer. Sowohl die meisten Ghettojuden Warschaus als auch die Nationalpolen waren nach objektiven Kriterien, erst recht von außen betrachtet, Polen. Die einen jüdische, die anderen christliche Polen.

Was man wissen kann und beim Gestalten jeglicher Polen-Politik bis (mindestens) zum Ende der kommunistischen Ära Ende der 1980er-Jahre wissen musste: Mit »den« Juden als Juden wollten »die« Polen, gläubig-christliche ebenso wie areligiös-kommunistische, nichts zu tun haben. Als das Ghetto 1943 brannte, schauten unzählige nichtjüdische Polen jubelnd zu. Louis Begley, der aus Polen stammende US-jüdische Anwalt und Schriftsteller, hat dieses autobiografische Erlebnis in seinem Roman ›Lügen in den Zeiten des Krieges‹ erschütternd geschildert.

Wenn das so war, stellt sich die Frage, weshalb trotzdem in der polnisch-kommunistischen Ära ein bzw. das Warschauer Ghetto-Mahnmal errichtet wurde. Die Antwort ist einfach und empirisch nachweisbar. Um die kolonialpolitische Vormachtstellung des Westens (vornehmlich Großbritanniens, Frankreichs und der USA) zu brechen, setzte Moskau, sprich: Stalin in seinem »Antikolonialistischen Kampf« bis zum September 1948 auf die zionistische bzw. israelische und damit die allgemeinjüdische Karte. Somit war es welt- und blockpolitisch für die neukommunistischen polnischen Behörden vergleichsweise einfach, die Genehmigung für das Mahnmal zu erteilen. Das erste, kleine, wurde im April 1946 eingeweiht; das zweite, große und noch heute zu besichtigende, im April 1948, also ungefähr einen Monat vor Israels Unabhängigkeit, die am 14. Mai 1948 von David Ben Gurion ausgerufen wurde. Die ersten Monate seiner Existenz konnte der Jüdische Staat allein dank sowjetischer Waffenlieferungen (über die Tschechoslowakei) überleben.

Im Herbst 1948 erkannte die Moskauer Führung aber, dass die Israel- bzw. Judenhilfe das innersowjetische Gleichgewicht dramatisch gefährdete. Die Aktivierung der jüdischen »Nationalität« drohte den Geist der allgemein sowjetischen Nationalitätenpolitik aus der Flasche zu zaubern, sprich: den Wunsch der Sowjetvölker nach Selbstbestimmung wiederzubeleben. Was Stalin & Co. 1948 befürchteten, wurde bekanntlich seit den 1970er-Jahren wahr, nicht zuletzt durch die politische Selbst-Reaktivierung der sowjetischen Juden. Einmal mobilisiert, schwappte der Faktor Nationalität und, auch oder, Religion auf andere Gruppen mit eigenem Wir-Gefühl über. Das Zerbrechen des Sowjetimperiums, dessen Implosion war nicht zuletzt auch dadurch bedingt. Nicht nur, aber gewiss auch dadurch. Vom Warschauer Ghetto-Aufstand 1943 und dessen Nachwirkungen schlagen wir den Bogen zum nationalpolnischen Warschauer Aufstand des Sommers und Frühherbstes 1944.

Während des nationalpolnischen, bürgerlichen, nichtkommunistischen Warschauer Aufstands gegen die deutsche Besatzung im Sommer und Frühherbst 1944 stand Stalins Rote Armee am östlichen Weichselufer Gewehr bei Fuß, Panzer und Artillerie außer Betrieb, und schaute zu, wie die Wehrkraft des bürgerlichen Polen auf dem Westufer von Hitlers Wehrmacht regelrecht abgeschlachtet wurde und im wahrsten Sinne des Wortes verblutete. Damit war machtpolitisch der unblutige Weg zur Machtergreifung der polnischen Kommunisten mithilfe der Rotarmee-Bajonette frei.

Bezogen auf die polnisch-kommunistische und zugleich die gesamte von Moskaus Kommunisten eingeforderte Erinnerungspolitik bedeutete dies: Ungern gedachte man beider Aufstände, sowohl des »Judenaufstands« von 1943 als auch des nationalpolnischen von 1944. Folgerichtig wurde das Mahnmal zum Gedenken an den Warschauer Aufstand von 1944 erst in frühpostkommunistischer Zeit errichtet und am 1. August 1989 enthüllt.

Unmittelbar vor seinem Warschaubesuch im Dezember 1970 bestand Willy Brandt – zum Verdruss der polnischen Kommunisten – auf seiner Kranzniederlegung am Mahnmal für die Ghetto-Opfer des Jahres 1943 und damit, wie er sowie seine engsten Berater irrtümlich annahmen, »der« polnischen Opfer. Der Kanzler bestand darauf. Er verstand nicht, dass er auf diese Weise nicht nur in ein geschichtspolitisches Fettnäpfchen, sondern in einen Fettnapf, ja, in ein Fettfass trat. Das wiederum erklärt, weshalb Brandts grandiose Geste von seinen polnisch-kommunistischen Gesprächspartnern und von den Ostblock-Medien insgesamt verschwiegen und vertuscht wurde. Kein einziges Kniefall-Foto zeigten die Ostblock-Medien den dort lebenden Menschen.

Auf lange Sicht, über die Hochphase der Ostpolitik hinaus, ermöglichte jene Entjudaisierung und Polonisierung »den« Polen eine zusätzliche Heroisierung ihres Widerstands gegen Hitler-Deutschland. Eine andere, »den« Polen bis heute unbequeme Wahrheit, konnte auf diese Weise bequem verdrängt werden und fast ins Reich des Vergessens geraten: die teils begeisterte und freiwillige Beteiligung zahlreicher Polen am millionenfachen Judenmord. Der Tod war »ein Meister aus Deutschland«, er fand aber auch in Polen willige Helfer.

Brandts Kniefall wurde zur Ikone. Viel gesprochen und geschrieben wurde und wird hierüber. Zurecht. Im Detail geforscht wurde allerdings nicht. Politisch entscheidend ist, dass es eindeutige, nachweisbare politische Vorgeschichten gab, die zu diesem Ereignis führten. Ob der Kniefall selbst spontan war oder nicht, ist zweitrangig, auch wenn diese Frage häufig gestellt wird. Den Ort hatte Brandt gewählt, nur Willy Brandt selbst. Und das hatte seine guten sowie vor allem – nochmals – nachweisbaren Gründe. Als er am Mahnmal selbst den Genius loci spürte, den für historische Bewusste historisch und emotional überwältigenden Geist des Ortes, kam ES in ihm zum Kniefall. Er wollte dokumentieren, er hat dokumentiert, dass es nun, nicht zuletzt durch ihn, ein anderes, neues, sehr wohl auch menschliches Deutschland gab.

So war's

Woran erinnern wir uns, wenn wir uns erinnern? Welche Gedankenkette entsteht? 7. Dezember 1970. Brandts Kniefall am Warschauer Mahnmal für die Opfer des Ghettoaufstands von 1943. Die Gedankenkette ist offensichtlich: Deutsche Besatzung Polens im Zweiten Weltkrieg – Ghetto – Juden – im Kampf gegen die deutschen Besatzer getötete Juden – Juden, die sich nicht wehrlos in deutsche Mordfabriken wie Auschwitz abführen lassen wollten. Die jüdische Dimension des Brandt'schen Kniefalls ist unbestreitbar. Wurde sie auch subjektiv vom Bundeskanzler erkannt und benannt? Spielte das Thema Israel oder ganz allgemein die jüdische Problematik bei der Vorbereitung des Brandt-Besuchs in Warschau eine Rolle?, fragte mein Diplomand Robert Anders im Mai 2002 Brandt-Intimus Egon Bahr. »Überhaupt nicht«, lautete die Antwort kurz, knapp, klar.[3]

An Bahrs persönlicher Erinnerung und Ehrlichkeit ist nicht zu zweifeln, wohl aber an der Richtigkeit. Das beweist der Brief von Brandts Redenschreiber und Duz-Freund Klaus Harpprecht, dessen deutschjüdische Ehefrau Renate die Höllen von Auschwitz und Bergen-Belsen überlebt hatte. Rund zwei Monate vor dem Kniefall wandte er sich an den Kanzler: »Verzeih mir, wenn ich Dich noch auf ein Problem hinweise. Durch unsere Verwandten und Freunde in Israel, aber auch durch Kollegen, die sich dort umsahen, weiß ich, wie sehr die scheinbare Abkühlung der Beziehungen Bonn / Tel Aviv die Gemüter bedrückt.« Jene »Abkühlung« wurde »vor allem dem Auswärtigen Amt angelastet. Ich verstehe die Zurückhaltung, weiß auch, dass wir wirtschaftlich mehr als andere helfen. Trotzdem wäre eine öffentliche Geste von Dir sehr angebracht. Als Ausgleich für das spektakuläre und nicht allzu überzeugende Abenteuer von Hans-Jürgen Wischnewski [von Brandt gerne Ben Wisch genannt; MW]. Für eine Botschaft zum jüdischen Neujahr ist es zu spät. Aber vielleicht könntest Du in nicht allzu ferner Zeit bei einer jüdischen Veranstaltung in der Bundesrepublik auftreten.«[4]

Nicht in der Bundesrepublik, nicht auf einer relativ kleinen deutschjüdischen Veranstaltung, in Warschau, auf der Weltbühne erfolgte die von Klaus Harpprecht vorgeschlagene »öffentliche Geste«. Es wurde eine weltöffentliche Geste.

Etwas mehr als ein Jahr nach ihrem Start hatte die SPD/FDP-Koalition recht viel deutsch-israelisches sowie deutsch-jüdisches Porzellan zerschlagen. Der Kanzlerfreund wählte mit dem Wort »Abkühlung« eine freundschaftliche Umschreibung. Was war geschehen? Was hatte »Ben Wisch«, also Hans-Jürgen Wischnewski, damals Bundesgeschäftsführer der SPD als Elefant im Porzellanladen angestellt? Und hatte nur dieser bekennende Araberfreund deutsch-jüdisch-israelisches Porzellan zerschlagen? Was alles war vom Herbst 1969 zum Herbst 1970 im deutsch-jüdisch-israelischen Porzellanladen geschehen?

Ostpolitik zerschlägt deutsch-jüdisches Porzellan

Zunächst das große Aufatmen. Nicht nur in der jüdischen Welt. 24. Oktober 1969: Endlich ein bundesdeutscher Kanzler, der in der Hitler-Hölle nicht nur passiv überwintert, sich versteckt oder gar mehr oder weniger irgendwie mitgemacht hatte, sondern der, wenngleich im Ausland, aktiven Widerstand geleistet hatte. Doch dann, kaum zu glauben, aber wahr: Vier Tage später, in seiner ersten Regierungserklärung, verlor ebendiese Lichtgestalt kein einziges Wort über, wie es seit Jahrzehnten amts- und phrasendeutsch hieß, Deutschlands »besondere Verantwortung« für Israel und das jüdische Volk. Kein einziges. Wie das? Um das zu klären und, wie man annehmen darf, zu rügen, bittet die Spitze des Zentralrats der Juden in Deutschland genau eine Woche später formvollendet, aber politisch unmissverständlich (weil zu fordern gewohnt?) »Seine Exzellenz«, den neuen Kanzler, »möglichst bald um einen Termin für eine Aussprache in Verbindung mit Ihrer Regierungserklärung«.[5]

So richtig überrascht konnte Deutschlands jüdische Führung eigentlich nicht sein. Denn schließlich hatte Willy Brandt schon als Regierender Bürgermeister von West-Berlin im Bundeswahljahr 1965 als Kanzlerkandidat der SPD »Zwanzig Jahre sind genug« verkündet. Die junge Generation Deutschlands dürfe sich nicht auf die Anklagebank drängen lassen, [6] also genug der geschichtspolitischen Kritik an und Selbstkritik in Deutschland. Zu Beginn des Sechstagekrieges 1967, als der israelfreundliche, heißt der deutlich kleinere Teil der Welt, noch um Israels Existenz bangte und einen zweiten »Holocaust« befürchtete, war Bundesaußenminister Willy Brandt nicht für eine konkrete Parteinahme zugunsten Israels zu gewinnen. Die Bundesregierung, so Außenminister Brandt am 7. Juni 1967 im Bundestag, verfolge in Nahost »strikte Neutralität«, was jedoch keine »moralische Indifferenz oder Trägheit des Herzens« bedeute. Schöne Worte fürs Gemüt, doch keine konkrete Hilfe – außer Gasmasken, die West-Deutschland Israel überließ …

»Seine Exzellenz« ließ sich Zeit. Erst am 20. November antwortete er dem Zentralratsgeneralsekretär Henrik van Dam: »Ihrem Wunsche, Sie und Herrn Nachmann zu einem Gespräch zu empfangen, werde ich gern entsprechen.«[7] Aber: »Wegen meiner augenblicklichen zeitlichen Belastung ist es mir leider nicht möglich, Ihnen für dieses Gespräch schon jetzt einen Termin zu nennen.«[8]

Das waren dem deutschjüdischen Zentralrat gegenüber offenbar ungewohnt distanzierte Töne, denn nun meldete sich die Nummer eins des Verbandes höchstpersönlich zu Wort, Werner Nachmann: »Als Vorsitzender des Direktoriums des Zentralrates der Juden in Deutschland gestatte ich mir, auf das Schreiben unseres Generalsekretärs vom 4. November 69 zurückzukommen … Ich verkenne nicht die großen Aufgaben, die Sie zu bewältigen haben, und die enorme zeitliche Belastung«, aber vertrösten lassen wollte er sich nicht: »Ich darf mir jedoch erlauben, darauf aufmerksam hinzuweisen, dass die Existenz einer jüdischen Gemeinde in Deutschland auch heute noch zu einem sehr wichtigen Politikum zählt und daher der Kontakt mit der Bundesregierung nicht nur aus den Gesichtspunkten der zahlenmäßigen Größe dieser Gemeinschaft zu beurteilen ist.« Er wurde heftiger: »Ich bin der Meinung, dass gerade die Juden in Deutschland, die nach 1945 den Aufbau der Bundesrepublik mitgestaltet haben, auch heute noch in ihren Meinungen und Ideen von der Regierung beachtet werden und zu denen zählen sollten, die vom Regierungschef der Bundesrepublik zu einem Gedankenaustausch eingeladen werden.« Schließlich vergaß Nachmann nicht, den Neu-Kanzler an den international hohen PR-Wert der deutschen Juden für »das heutige Deutschland« zu erinnern.[9] Dieser Schlenker war eher »sub-optimal« (Gerhard Schröder), denn unausgesprochen bestätigte er die »klassisch«-antisemitische Mär von der »Jüdischen Weltmacht«. Nachmann drohte nicht, er blieb bestimmt: »Ich wäre Ihnen daher dankbar, wenn Sie trotz Ihrer Überbelastung in absehbarer Zeit ein Gespräch mit uns führen könnten.«[10]

Die sozialliberale Koalition, die Regierung Brandt-Scheel, hatte erst wenige Wochen amtiert, und schon war der Zeit- und zugleich Zielkonflikt entweder Friedens- und Ostpolitik oder Judenpolitik aufgetaucht. Vorsichtiger: Schon zur Jahreswende 1969/70 war jedermann ersichtlich, dass ein Sowohl-als-auch alles andere als holper- und stolperfrei verlaufen würde. Ebenfalls unzweideutig erkennbar wurde das dem jüdischen Verband gegenüber zur Schau getragene Selbstbewusstsein des Kanzlers. Zweifellos überraschte es die Zentralratsspitze. Wäre sie daran gewöhnt gewesen, hätte sie sanfter reagiert. Kein Zweifel: Sie forderte Gewohntes ein – und hatte Erfolg. Im Bundeskanzleramt hatte man plötzlich Angst vor der eigenen Courage. Flugs wurde ein Termin vereinbart. Am 6. Februar 1970 empfing Willy Brandt Nachmann & Co.

Außer deutsch-jüdisch-israelischen Themen wollten die Zentralratsjuden mit dem Kanzler über »die Möglichkeit einer Hilfe für die jüdische Gruppe in Polen« reden.[11] Woran wir erkennen: Die Verbindung von Juden- und Ostpolitik wurde von Anfang an benannt. Folglich war sie bekannt. Das umso mehr, als, wie erwähnt, die polnischen Kommunisten erst im März 1968 eine antisemitische Welle losgetreten hatten. Das wiederum bedeutete: Jede noch so scheinbar nebensächliche Erwähnung eines jüdischen Themas musste 1970 die bundesdeutsch-polnischen Gespräche eher erschweren und verkrampfen als entspannen.

»Israel-Politik ohne Komplexe«

Vom ersten deutsch-jüdischen Nasenstüber ließ sich die neue Brandt-Scheel-Regierung israelpolitisch nicht entmutigen. Forsch ging der Neu-Kanzler fünf Tage später, am 11. Februar 1970, Israel gegenüber in einem »Koalitionsgespräch über die Nahostpolitik« ans Werk. Außer Willy Brandt nahmen an diesem Spitzengespräch teil: Die Bundesminister Walter Scheel (Außen), Helmut Schmidt (Verteidigung), Hans-Dietrich Genscher (Innen), Erhard Eppler (Wirtschaftliche Zusammenarbeit) und Horst Ehmke (Chef des Bundeskanzleramtes). Außerdem die Abgeordneten Hans-Jürgen Wischnewski (SPD), Heinz Westphal (SPD),Wolfgang Mischnick (FDP), Top-Vertreter des Auswärtigen Amtes sowie Walter Hesselbach, Chef der (Gewerkschafts-) Bank für Gemeinwirtschaft.[12] Letzterer und Heinz Westphal verkörperten proisraelisches, Hans-Jürgen Wischnewski proarabisches Urgestein in der SPD, wenn man – hier, anders als sonst, nicht ganz unangebracht – nur schwarz oder weiß malt.

Ja, die Richtlinie gab der Bundeskanzler vor. Israel-Politik solle fortan »ohne Komplexe« angepackt werden.[13]

Walter Hesselbach gab zu bedenken, dass »in Israel mancherlei Befürchtungen über den Kurs der Bundesrepublik entstanden« seien.[14] Befürchtungen und eben kein Jubel über den außenpolitischen Kurs des ehemaligen Anti-Hitler-Kämpfer-Kanzlers. Tagespolitische Sorgen überlagerten bereits zu Beginn der Brandt-Ära in Israel die geschichtsmoralische Wertschätzung. Diese Sorgen kann man bildhaft umschreiben: In Jerusalem fürchtete die Regierung, dass die traditionell proisraelische Nahostpolitik auf dem Altar der Ostpolitik geopfert würde. Vergleichbar die Sorgen des deutschjüdischen Zentralrats.

Komplexe Deutschlandpolitik

Die eine, bundesdeutsche Seite: Israelpolitik ohne Komplexe, wollte Willy Brandt. Die andere, israelische, Seite betrieb komplexe Deutschlandpolitik. Im Jerusalemer Außenministerium wurde nicht nur dem Anti-Hitler-Brandt, sondern durchaus auch dem neuen Kanzler-Kurs besonders anfänglich viel Wohlwollen und Verständnis entgegengebracht. Ganz anders Israels Mann »vor Ort«, Botschafter Elijaschiw Ben-Horin. Schon früh misstraute er den Absichten der neuen sozialliberalen Koalition. Gelassen gab sich jedoch sein Vize, der Gesandte Avner Idan. »Natürlich möchte die BRD ihre diplomatischen Beziehungen zu den arabischen Staaten erneuern«, schrieb er am 30. Januar 1970 Yochanan Meroz, dem Leiter der Europa-1-Abteilung im Außenministerium, dem späteren Israel-Botschafter in Bonn.[15] Bekanntlich hatten die meisten arabischen Staaten 1965, nachdem Bonn diplomatische Beziehungen zu Israel aufgenommen hatte, ebendiese zur Bundesrepublik abgebrochen. Durchaus realistisch erkannte er, dass in der neuen Ära weniger die Vergangenheit als vielmehr »gemeinsame Interessen in Gegenwart und Zukunft« das deutsch-israelische Verhältnis bestimmen würden.[16] Gegenwart und Zukunft ja. Gemeinsame Interessen? Wir werden sehen.

Israels Gesandter in Paris, Eytan Ron, war weniger zuversichtlich als sein Kollege in Bonn. Er befürchtete, dass die neue Bundesregierung dem spätestens seit November 1967 offen antiisraelischen Weg de Gaulles folgen könnte.[17] Diese Befürchtung war alles andere als unbegründet. Botschafter Ben-Horin hatte nämlich von Bundespräsident Gustav Heinemann ausdrücklich und von Außenstaatssekretär Paul Frank andeutungsweise erfahren, dass Bonn sehr wohl an de Gaulles Nahostpolitik Geschmack gefunden hatten.[18] O ja, Brandt persönlich hatte dem Botschafter dargelegt, dass allein Paris in Nahost westliche Präsenz garantiere. Ben-Horin schrieb Ende März 1970 nach Jerusalem: »Ich musste mit Brandt darüber regelrecht streiten.«[19] Zu weich, zögerlich und ängstlich nannte Jerusalems Botschafter in den USA, Jitzchak Rabin, die Israelpolitik des noch amtsneuen Bundeskanzlers. Bis Juni 1970 hatte sich das Brandt-Bild bei Israels Außenpolitikern verfestigt. Sie waren »enttäuscht«,[20] aber nicht hoffnungslos oder entsetzt. »Wir hegen nicht den geringsten Zweifel daran, dass des Kanzlers Herz am rechten Fleck sitzt.«[21]

Ganz anders offensichtlich das Brandt-Bild führender US-Juden. Wie er bei diesen das Negativ-Image seiner Politik ändern könne, wollte der Bundeskanzler Ende Juli 1970 von einem Israeli mit total-intakten Kontakten zur amerikanischen und jüdisch-amerikanischen Politik-Welt erfahren.[22] Dem Kanzler wurde geholfen. Er solle einige der wichtigsten deutschen Politiker in die USA entsenden, um dort die führenden Vertreter der jüdischen Gemeinschaft zu informieren.

Gesagt, getan. Kanzleramtsminister Horst Ehmke sollte im Oktober 1970 als Brandts geschickter Gesandter in der Höhle des Löwen auftreten. Ebenso Walter Hesselbach, Chef der gewerkschaftseigenen Bank für Gemeinwirtschaft. Ehmke sowie Bundesfinanzminister Alex Möller und eben Israel-Urfreund Walter Hesselbach, hatten Ende August 1970 Botschafter Ben-Horin gegenüber des Kanzlers allgemeine Image-Sorgen erwähnt und dabei hervorgehoben, »einer der wichtigen Sektoren« sei für den Kanzler »die jüdische Öffentlichkeit in den USA«.[23]

Die Formulierung entbehrt nicht einer gewissen Unappetitlichkeit, erinnert sie doch wieder mal an Verschwörungstheorien über die vermeintliche »Jüdische Weltmacht«. So war es von jenen wackeren Sozialdemokraten gewiss nicht gemeint, doch auch sie waren als Kinder ihrer Zeit offenkundig gegen gängige Gift-Begrifflichkeiten nicht hundertprozentig immun. Ebenso wenig (oder sogar noch weniger?) Brandt selbst: Das amerikanisch-jüdische »Establishment«, das in seiner Spitze aus Großunternehmern bestehe, scheine ihm in seinem Wirtschaftsverständnis konservativ geworden zu sein. Von vornherein misstraue man deshalb einer »sozialistisch geprägten Regierung« wie seiner, zumal sie eine »Entspannungsoffensive nach Osteuropa eingeleitet« habe.[24] Des Kanzlers Bild vom amerikanisch-jüdischen »Establishment« war nichts anderes als ein Zerrbild, in dem freilich die Karikatur vom kleinen, dickbauchigen, hakennasigen, Zigarre rauchenden Unternehmer fehlte. Anfang der 1970er waren Basis und Führung des US-Judentums eindeutig linksliberal oder, im bundesdeutschen Zusammenhang, sozialliberal. Das hier von Brandt gewählte Wort »Establishment« war seinerzeit zudem ohne jeden Zweifel ein Kampfbegriff der Neuen Linken, die Brandt in die SPD integrieren wollte – und später tatsächlich nicht ohne Erfolg integriert hat. Diese Integrationspolitik erfolgte nicht nur, aber auch auf Kosten seiner Juden- und über diese auch auf Kosten seiner Israelpolitik.

Nicht Brandts Ostpolitik, vielmehr seine Israelpolitik befremde und entfremde die US-Juden und schüre amerikanisch-jüdische Ängste, erläuterte Botschafter Ben-Horin dem Kanzler-Emissär Walter Hesselbach.[25] Der widersprach nicht, stimmte dem Israeli vorbehaltlos zu und fällte ein geschichtsethisch geradezu vernichtendes Urteil: Früher habe die Bundesrepublik Israel gebraucht, um in der Welt wieder geachtet zu werden. Das sei vorbei, und zwar nicht erst seit 1969 (Brandt/Scheel), sondern schon 1965, also durch die Aufnahme diplomatischer Beziehungen beider Staaten.[26] Wir können hier wieder auf Schillers ›Fiesco‹ verweisen: »Der Mohr hat seine Arbeit getan, der Mohr kann gehen.« Ein reisegeografisches Detail von politischer Bedeutung: Auf seinem Weg zu den US-Juden machte Israel-Freund Hesselbach im jüdischen Staat Station, denn dortige Anregungen könnten »hilfreich« sein.[27] Die beiden Missionen erfüllten ihren Zweck. Die US-jüdischen Organisationen mobilisierten nichts und niemanden gegen die bundesdeutsche Ostpolitik.

Jenseits der Regierungsebene erkannte Ben-Horin auch andere Zeichen der Zeit. In Vortrags- und Diskussionsveranstaltungen der Neuen Linken war es Israel-Vertretern oder Israel-Nahestehenden oft kaum möglich, sich Gehör zu verschaffen. Sie wurden niedergeschrien. So weit, so fern der Regierungspolitik. Doch zumindest um die Gunst von Teilen dieser Neuen Linken buhlte Brandts SPD seinerzeit. Ben-Horin erkannte scharfsinnig, dass diese Basispolitik nicht ohne Auswirkung auf die da oben in der SPD bleiben würde. Aus den meisten israelischen Dokumenten der sozialliberalen Frühzeit wird freundliche Skepsis Bonns neuem Kurs gegenüber erkennbar. Das Prinzip Hoffnung durch bewährte Vergangenheit bewirkte jene Freundlichkeit, die neue Empirie sorgte für Skepsis, besonders bei Ben-Horin. Dabei war er keineswegs ein Anti-Sozialdemokrat – was im bis 1977 währenden Zeitalter der israelischen Sozialdemokratie auch höchst verwunderlich gewesen wäre. »Bei den gemäßigt fortschrittlichen Schichten, also den älteren Sozialdemokaten, ist die Israel-Sympathie fest verankert, wenngleich bei spezifischen politischen Fragen außerordentlich differenziert, ja, distanziert. Das gilt für die Eroberungspolitik an sich und das Palästinenserthema.« Den Jusos misstraute er.[28] Das ist die eine Seite.

Die andere: Die Anti-Brandt-und-Ostpolitik-Polemik mancher israelischer Journalisten sowie der ›Welt‹ oder des ›Bayernkurier‹, der »demagogischen Zeitung von Strauß« attackierte er mindestens ebenso heftig.[29] Die Israelpolitik der Union, so seine Interpretation, sei weniger für Israel als vielmehr gegen die Regierungskoalition. Diese Sicht- und Verhaltensweise hatte sich spätestens am 20. Oktober 1970 auch sein direkter Vorgesetzter, Yochanan Meroz, zu eigen gemacht, obwohl die US-jüdischen Spitzenorganisationen stillhielten – weil, so Meroz, sie die Bonner Politik nicht durchschauten.[30]

Noch ein Obwohl wäre zu erwähnen: Obwohl SPD-Schatzmeister Alfred Nau Ende Oktober 1970, also nach Ben Wischs Abenteuer, als vorweihnachtlicher Quasi-Weihnachtsmann ins Nicht-Weihnachtsland Israel geflogen war, um, sagen wir, die Verbindungen zur israelischen Sozialdemokratie zu vertiefen.[31] Meroz am 20. Oktober 1970: Der jungen und linken Sozialdemokraten sowie Hans-Jürgen Wischnewskis müsse man sich annehmen, »etwas unternehmen«.[32] Naus Mission wirkte. Am 30. Oktober wiegelte der Generaldirektor des israelischen Außenministers Gerschon Avner ab. Es sei legitim, dass Bonn die Beziehungen zu den arabischen Staaten verbessern wolle.[33] Meroz zog nach. Noch am 20. Oktober hatte er Ben Wisch als »Gefahr für Israel« bezeichnet, am 31. Oktober, »nach Nau«, verfügte jener über »ein gewisses Gewicht« und sei »kein Alltagsmensch«.[34]

Vier Wochen vorher, Anfang Oktober 1970, hatte Klaus Harpprecht vor allem wegen Ben Wisch die deutsch-jüdisch-israelischen Alarmglocken läuten lassen. Ende Oktober schienen die »jüdischen Kirchenglocken« zur Messe zu rufen. Vorher und nachher waren wir Ben Wisch begegnet, dessen »Abenteuer« Brandts Freund Harpprecht so beunruhigt hatten. Was eigentlich war geschehen?

Am 6. September 1970 hatten Terroristen der von Georges Habasch geführten »Volksfront für die Befreiung Palästinas« (PFLP) versucht, vier Passagierflugzeuge zu entführen. Bei dreien gelang es, mit Flugzeugen der Trans World Airlines (TWA), Swissair und Pan American Airlines (PAA). In einer El-Al-Maschine wurden die Terroristen von israelischen Sicherheitskräften überwältigt. Was wollten die Entführer? Drei, nach einem Terroranschlag am Flughafen München Riem am 10. Februar 1970 in der bayerischen Hauptstadt verhaftete und verurteilte, sowie vier weitere, in der Schweiz und in Großbritannien inhaftierte, Gesinnungs-und-Tat-und-Volksgenossen wollten sie freipressen.

Den PAA-Jumbojet sprengten die Entführer nach der Landung auf dem Flughafen von Kairo in die Luft. Die 190 Passagiere und Besatzungsmitglieder konnten sich rechtzeitig in Sicherheit bringen. Die Flugzeuge der TWA und Swissair mussten auf dem nordjordanischen Wüstenflughafen Serka landen. Von den dreihundert Passagieren wurden hundert freigelassen. Es folgte etwas, das an KZ-»Arzt« Josef Mengeles »Selektion« in Auschwitz erinnerte: Alle Israelis, sowie alle Männer aus den USA, Großbritannien, der Schweiz und Deutschland wurden als Geiseln festgehalten, um jene Staaten erpressen zu können. Sollte dies nicht geschehen, würden auch die Flugzeuge in Jordanien in die Luft gejagt.[35]

Bonn und Berlin, die sozialliberale Bundes- sowie die CSU-Landesregierung, gaben schon einen Tag später nach und damit den Kampf gegen jenen Terror auf. Israels Regierung und Öffentlichkeit tobten. Die PFLP fühlte sich ermutigt. Weil's so gut lief, entführte eines ihrer Kommandos noch eine britische BOAC-Maschine. Nun standen auf dem Rollfeld des jordanischen Serka drei gekaperte Flugzeuge. Die Volksfront-Palästinenser sprengten sie am 12. September in die Luft. 280 Trumpfkarten, sprich: Geiseln hatten sie in der Hand. Jassir Arafat und die PLO zeigten sich empört, doch schon am 16. erklärten alle PLO-Organisationen, also auch die Fatach Arafats, Regionen im Norden Jordaniens zu »befreiten Gebieten«. Jetzt schlug der jordanische König zurück. Die Palästinenser wurden militärisch besiegt und scharenweise massakriert. Als »Schwarzer September« ging dieses Gemetzel in die Palästinensergeschichte ein.

Zuvor hatten die Terroristen die meisten Geiseln freigelassen. Knapp fünfzig, vor allem die jüdischen, wurden allerdings an einen »unbekannten Ort in Jordanien« gebracht. Auftritt Ben Wisch. »Auf eigene Initiative« erschien er am 13. September in Jordanien. Gegen die beiden deutschen Geiseln sollten die drei in Bayern Inhaftierten »separat« ausgetauscht werden. Das schlug er der PFLP vor, was weder die USA noch Großbritannien oder die Schweiz begeisterte.[36] Bonn versuchte politische Kosmetik: Eine internationale Übereinkunft sollte die »weltweite Ächtung der Luftpiraterie« völkerrechtlich fixieren.[37]

Weder Bonn noch Ben Wisch befreiten die zwei deutschen Geiseln. Das gelang der jordanischen Armee am 25. September. Zwei

Tage später kehrte Ben Wisch unverrichteter Dinge zurück. Nein, nicht unverrichteter Dinge. Er hatte nicht nur mit der PFLP verhandelt, sondern auch mit Fatach- und PLO-Chef Jassir Arafat. Das war der Beginn einer lebenslangen Freundschaft.[38] Bis dass der Tod euch scheide. Knapp ein Jahr amtierte die SPD-FDP-Koalition nun, und das deutsch-jüdisch-israelische Verhältnis war dramatisch beschädigt: Strukturell durch die Neue Ostpolitik, personell vor allem durch den herablassenden Umgang des Bundeskanzlers gegenüber dem Zentralrat sowie durch »Ben Wischs Abenteuer«. Fünf Tage nach dessen Rückkehr vom Arafat-Flirt schrieb Klaus Harpprecht seinen Brandbrief an Brandt.

Einstweilen geschah nichts. Zentralratschef Nachmann fasste bei Brandt am 12. November in der jüdisch-polnischen Thematik nach.[39] Nicht der Kanzler antwortete ihm erst dreizehn Tage später, sondern der Chef des Kanzleramtes, Horst Ehmke, im Auftrag seines Vorgesetzten dankend. Gerade entgegenkommend schrieb er nicht. Die Bundesregierung habe »sich verpflichtet gesehen (…), sich im Rahmen dieser Verhandlungen für die Probleme der in Polen lebenden deutschen Staatsangehörigen, ungeachtet ihrer Glaubensrichtung, einzusetzen. Da diese Verhandlungen schon auf größte Schwierigkeiten stießen, wäre jede Aussicht auf Erfolg ausgeschlossen gewesen, wenn die deutsche Delegation sich um die Probleme von Bevölkerungsgruppen bemüht hätte, für die sie zu sprechen keinen Rechtsgrund vorweisen könnte. Dies schließt nicht aus, dass die Bundesregierung am Schicksal der jüdischen Bevölkerungsgruppe in Polen größten Anteil nimmt und alle Bemühungen zur Erleichterung ihrer Lage unterstützt.«[40] Im Klartext: Ruhe an der judenpolitischen Front, zugunsten der ohnehin schon komplizierten ostpolitischen. Kein Wunder, dass Werner Nachmann – wie die Öffentlichkeit erst nach seinem Tod (1988) erfuhr, alles andere als eine Lichtgestalt – von der Antwort Ehmkes im Auftrag des Kanzlers »sehr deprimiert« reagierte.[41]

Noch immer war das Maß deutsch-jüdischer Verärgerungen nicht voll. Am 8. November 1970 hatte Außenminister Walter Scheel am Rande seiner Endspurt-Verhandlungen mit Polen das Vernichtungslager Auschwitz besucht. Sein Eintrag im Gästebuch lautete: »Angesichts dieses Grauens, dieser Unmenschlichkeit: Unsere Aufgabe ist es, diese Werte zu wahren: die Würde des Menschen und den Frieden zwischen den Völkern.«[42] Über die Juden in dieser Hölle? Kein Wort. Die Hauptopfer waren eben Teil der Menschen und der Völker. Nichts Besonderes. Sozusagen Auschwitz ohne Juden. Wie Ost- und Nahostpolitik ohne Juden.

Ebenfalls ohne Juden reiste Kanzler Brandt am 7. Dezember zur Unterzeichnung des Warschauer Abkommens. Dabei hatte der Zentralrat um Teilnahme mehr oder weniger ausdrücklich gebeten und ans Kanzleramt gepocht.[43] Das knallharte Nein wurde in Watte-Worte verpackt.[44]

Der Bundesvorsitzende der »Sozialistischen Jugend Deutschlands – Die Falken« wurde mitgenommen, auch Vertreter der katholischen und evangelischen Jugenddachverbände. Doch, Willy Brandt hatte überlegt, deutschjüdische Repräsentanten mit dazuzubitten: Den Auschwitz-Überlebenden und Vorsitzenden der Jüdischen Gemeinde zu Berlin, Heinz Galinski. Diesen Gedanken hatte der Kanzler »schließlich doch der Diplomatie geopfert«. Nicht nur der Diplomatie nach außen, auch nach innen. »Den« Juden wurde signalisiert: Auch eure geschichtspolitische Rolle solltet ihr nicht überschätzen, selbst wenn es um Polen geht – wo bekanntlich die höllischsten der NS-Vernichtungshöllen Juden millionenweise ermordet hatten.[45] Was Wunder, dass sich der Zentralrat am 4. Dezember 1970 hierüber öffentlich empörte,[46] assistiert vom außenpolitischen Sprecher der CDU/CSU-Fraktion, Werner Marx.[47] All diese judenpolitischen Töne und Misstöne sollte ausgerechnet Willy Brandt nicht vernommen haben? Er, der, wie kaum ein anderer, das politische Gras wachsen hörte. Natürlich hatte er diese Töne vernommen und in Politik umgesetzt.

Für alle völlig überraschend und für Polens kommunistische Staatsführung, die, wie erwähnt, 1968 eine landesweite antisemitische Kampagne mehr als nur hingenommen hatte, höchst verdrießlich, entschied Kanzler Brandt nun am 3. Dezember 1970: Er wolle in Warschau nicht nur, wie bereits besprochen, einen Kranz am Grabmal des Unbekannten Soldaten niederlegen, sondern auch am Mahnmal für den Ghettoaufstand.[48] Polens Regierung akzeptierte zähneknirschend. Das Zeremoniell sei allerdings bescheidener als am Grabmal zu gestalten. Es bleibt unbenommen, die Behauptung aufrechtzuerhalten, es habe keine innere oder äußere Verbindung zwischen Brandts Friedens- und Ostpolitik mit der Judenpolitik gegeben. Aber wie ist es dann erklärbar, dass Willy Brandt, quasi in letzter Minute vor der Vertragsunterzeichnung und den Verlust polnischen Wohlwollens riskierend, auf dem Besuch am Ghetto-Mahnmal beharrte, das unbestreitbar jüdischen Opfern gewidmet war?

Auch wenn es weder Willy Brandt noch seine unmittelbare Begleitung bewusst wahrnahmen, wahrhaben oder sagen wollte – es ist unvorstellbar, dass dieser politisch so sensible Bundeskanzler am welthistorischen Tag der Unterzeichnung des Deutsch-Polnischen Vertrages im kriegs- und holocaustgezeichneten Warschau, zumal am Ghetto-Mahnmal, nach all den judenpolitischen Ouvertüren, Ärgernissen oder Spannungen der vorangegangenen Monate seiner frühen Amtszeit ausgerechnet dort und damals plötzlich judenpolitische Hornhaut bekommen und die jüdische von der ostpolitischen Dimension getrennt hätte. Natürlich war Willy Brandt – was er auch danach sagte – innerlich zutiefst bewegt. Es war die Summe der inneren Schwingungen, die ihn so sehr bewegte, dass er, überwältigt, auch nach außen eine überwältigende Reaktion improvisierte oder auch nicht improvisierte, jedenfalls wagte: die Bewegung zum Kniefall. Körper und politisch-weltlich-»heiliger« Geist waren in diesem langen Augenblick eins. Was wog kleinkariertes Gezänk gegen diese Jahrhundert-Geste?

Der Zentralrat blieb einstweilen auch nach dem Kniefall distanziert. Am »Tag danach«, am 8. Dezember 1970, erklärte Zentralrats-Chef Werner Nachmann schmallippig: »Die jüdische Gemeinschaft begrüßt jede Versöhnung, ganz gleich, in welchem Erdteil sie zustandekommt«, und ergänzte den auch vorher nicht ausgeräumten Streitpunkt: die Situation der polnischen Juden. Durch die »Normalisierung« der bilateralen Beziehungen würden »hoffentlich auch die menschlichen Bedingungen für die jüdische Gruppe in Polen« verbessert.[49] Vier Tage später, am 11. Dezember 1970, berichtete die ›Jüdische Allgemeine‹ über Brandts Kniefall und Polen-Besuch freundlich, aber alles andere als überschwänglich. Weiter wehte eisiger Wind. Er blies nun offensichtlich auch im und gegen den Zentralrat, denn schon am 19. Dezember 1970 kam sozusagen der jüdische Weihnachtsmann oder das jüdische Pendant zum Christkind und überreichte der Ostpolitik das Geschenk verbaler Abrüstung: Auf der Sitzung des Zentralrat-Verwaltungsrates wurde im »Grundsatz Übereinstimmung darüber (erzielt), dass ein Zusammenhang zwischen deutscher Ostpolitik und jüdischer Gemeinschaft abzulehnen sei«.[50]

Mit dieser Formulierung hatte sich die deutschjüdische Spitze der offiziellen Sprachregelung von Brandt und den Seinen erheblich angenähert. Auch jüdisches Papier ist geduldig. Das waren nette Worte, politisch korrekt, sie entsprachen nicht der Wirklichkeit, nicht einmal der deutschjüdischen Wirklichkeit bis zum 11. Dezember 1970. Denn zumindest bis zum Dezember 1970 kann keine Rede davon sein, dass bundesdeutsche Ost- und Friedenspolitik unter Willy Brandt völlig losgelöst von bundesdeutscher Judenpolitik geführt worden wäre. Judenpolitik war, trotz gegenteiliger Schutzbehauptungen der Akteure und Nichtbeachtung dieser Gegensätze durch Wissenschaft, Politik und Medien ein Störfaktor der Brandt'schen Friedens- und Ostpolitik.

Die politische Sprache ist bekanntermaßen sehr flexibel und gut geeignet, um zu verschleiern oder situativ, man kann auch sagen »opportunistisch« zu reagieren. Und auch ein großer Geist wie Egon Bahr konnte sich in seiner Erinnerung politisch korrekt irren oder irren wollen, als er sagte, die jüdische Thematik hätte bei der Vorbereitung der Polen-Politik keine Rolle gespielt. Erinnerungslücken, Erinnerungsfehler oder Erinnerungspolitik dieser Art gehören zum Zeithistoriker-Alltag. »Nichts Neues unter der Sonne.«

Wir halten fest: Alle Akteure hatten sehr wohl erkannt, dass zwischen der Brandt'schen Ost- und Nahostpolitik und einer juden- und israelfreundlichen Politik keine Interessen-Harmonie bestand. Alle Akteure erkannten diese Tatsache und handelten entsprechend. Je nach ihren eigenen – natürlich unterschiedlichen – Interessen. Brandts Priorität galt der Ostpolitik. Diese Gewichtung entsprach dem allgemeinen West-Geist jener Jahre. Détente bzw. Entspannungspolitik war angesagt. Dafür war die Sowjetunion der entscheidende Partner. Gleichermaßen intakte Kontakte zur Sowjetunion und Israel zu haben, war damals kaum möglich, da sich besonders 1970, im Hoch-

Jahr der Ostpolitik, gerade diese beiden Staaten im wörtlichen Sinne bekriegten. Ostpolitik war Gegenwart, Holocaust Vergangenheit, und diese Vergangenheit erschwerte auch dem Widerstandskämpfer Brandt die Gegenwart.

Am 7. Dezember 1970 hatte Brandt freilich den ostpolitischen Höhepunkt erreicht. Der Vertrag mit Moskau war im August abgeschlossen worden, der Warschauer war »in trockenen Tüchern«. Eine Absage der für denselben Tag geplanten Unterzeichnung war undenkbar, nicht machbar. Nun konnte der Kanzler sogar eine historisch-judenpolitische Geste wagen: eben diese grandiose, den Kniefall.

Legenden und Tatsachen[51]

Herkömmliche Schilderungen der Wirkungsgeschichte von Brandts Kniefall betonen die fulminante Wirkung auf »das Ausland«. In dieser allgemeinen Form ist die Aussage falsch. Im Ostblock wurde, wie erwähnt, diese hoch ethische, geradezu jesuanische Demutsgeste totgeschwiegen. Das Echo im Westen wird oft behauptet. Wie weit es wirklich zutrifft, ist nicht wirklich belegt. Zitiert wird gerne eine westweltweit bekannte und geachtete Zeitung, aber bis jetzt sind die Reaktionen »der« Auslandspresse, »der« ausländischen Regierungen oder »der« öffentlichen Meinung aus dem einen oder anderen erwähnten Land nicht systematisch recherchiert worden.

Der Willy-Brandt-Biograf Hans-Joachim Noack schreibt in seinem wirklich lesenswerten Buch: »Das Bild des deutschen Regierungschefs, der … demütig um Vergebung bittet, prägt sich der Welt als Jahrhundertgeste ein.«[52] Der östlichen Welt – zumindest damals – sicher nicht. Wir wissen, weshalb. Peter Merseburgers Willy-Brandt-Buch kann man als fulminant bezeichnen, aber selbst dieser kluge Kopf tappt in die Medienfalle. Vorsichtiger und richtig formuliert: Er las einige überschwängliche Artikel in namhaften West-Welt-Zeitungen und präsentiert sie als Gesamtbild: »Im westlichen Ausland hilft die dramatische Geste von Warschau, des Kanzlers Ansehen weiter zu steigern.«[53] Merseburger zitiert einen Artikel aus der Londoner

›Times‹, in dem behauptet wurde, durch den Kniefall nähere sich Brandt in der englischen Presse der »Vergötterung« (idolatry).[54] Gregor Schöllgen, ein anderer Brandt-Biograf, erwähnt das allgemeine Echo nicht.[55]

Ich habe sowohl das nationale als auch internationale Echo auf den Kanzler-Kniefall systematisch auf mehreren politischen Ebenen ausgewertet: der jeweiligen Regierungsebene, der veröffentlichten Meinung bzw. den diversen Medien des jeweiligen Landes sowie der öffentlichen Meinung bzw. Umfragen im jeweiligen Land.[56] Das Ergebnis: Durchschlagend war die Reaktion in der Bundesrepublik Deutschland, denn die beiden Lager schlugen aufeinander ein. Koalition versus Opposition. Befürworter und Kritiker der Brandt'schen Ostpolitik im Allgemeinen und des Kniefalls im Besonderen. Ostpolitik plus Kniefall hatten ein politisches Erdbeben in West-Deutschland ausgelöst. Jede Seite führte eine Art Kreuzzug.

Weniger erregt und aufgeregt, eher rational zustimmend oder ablehnend waren die Reaktionen im Westen, auch in der diasporajüdischen Welt und Israel. Von einem Erdbeben – des Kniefalls wegen – keine Spur. Riesensorgen bereitete Henry Kissinger, dem Chef des Nationalen Sicherheitsrates der USA unter Präsident Nixon, natürlich nicht Brandts Geste, aber ein durch den Kanzler möglicherweise wiederbelebtes Gespenst: Rapallo. Denn im Rapallo-Vertrag von 1922 hatten das Deutsche Reich und die spätere Sowjetunion, sehr zur Überraschung der Westmächte, eine Normalisierung der Beziehungen, also eine deutsch-sowjetische Zusammenarbeit vereinbart.[57] Ex-Außenminister Dean Acheson von den US-Demokraten, einer der NATO-Baumeister, meinte wenige Tage nach dem Kniefall, »Willy Brandt sollte abgekühlt werden, um das Wahnsinnsrennen nach Moskau zu verlangsamen«.[58] Und die US-Presse? Ja, sie berichtete prominent über den Kniefall, wobei das Kniefall-Foto mit dem der Unterzeichnung des Deutsch-Polnischen Vertrags konkurrierte. Kommentiert wurde dieser jedenfalls ex- und intensiver als der Kniefall.[59] Das leuchtet ein, denn Letzterer war Form, jener Inhalt bzw. Substanz.

Geradezu entsetzt war Frankreichs Staatspräsident Georges Pompidou über Brandts Kniefall. Er nannte ihn »schockierend« und

»unerträglich«. Er vermisste beim Kanzler die »Respektierung des Schamgefühls«.[60] Die Qualitätszeitungen seines Landes bewerteten den Kniefall eindeutig wohlwollend, beschäftigten sich allerdings, wie die US-amerikanischen und anderen westlichen Blätter[61], mehr mit der Substanz der deutschen Ostpolitik als ihrem neuen Symbol.

Britisch-unterkühlt, sachlich berichtete Londons Botschafter Nicholas Henderson aus Warschau: »... am Ghetto-Denkmal kniete er eine ganze Minute mit gesenktem Kopf«.[62] That's it. Trockener geht's nicht. Brandts Kniefall begeisterte ihn nicht. Was ihn allerdings beunruhigte: Das Gewicht der Deutschen in Polen und im Ostblock allgemein würde zunehmen. Es liege weder im britischen noch im gesamteuropäischen Interesse, wenn man Deutschland das Feld zu sehr überließe.[63] Man vermisse in London »Gegenleistungen« für die Vorleistungen der bundesdeutschen Ostpolitik, berichtete Bonns Botschafter in London, Karl-Günther von Hase.[64] Business, keine Begeisterung in Britannien. Weder über den Kniefall noch gar über Brandts Ostpolitik ganz allgemein.

Fiktion, nicht Fakt ist demnach die wiederholte Behauptung in Wissenschaft, Publizistik und Politik, dass Brandts Kniefall und Ostpolitik im Dezember 1970 auf Zustimmung oder gar Bewunderung stießen. Der Bundeskanzler selbst muss das auch empfunden haben, denn am 15. Dezember, acht Tage nach seinem Kniefall, beruhigte Brandt in gleichlautenden Schreiben an US-Präsident Richard Nixon, den britischen Premier Edward Heath und Frankreichs Präsidenten Georges Pompidou, »dass die Bundesrepublik Deutschland wie die Volksrepublik Polen loyale Mitglieder der bestehenden Bündnisse sind und bleiben«.[65] Allein die Tatsache, dass Willy Brandt dies ausdrücklich hervorhob, bezeugt die von ihm zu Recht wahrgenommene Unruhe der wichtigsten und gewichtigsten Bündnispartner. Mit diesem Brief wollte Brandt den selbst ausgelösten politischen Brand löschen. Dass der Kanzler eines NATO-Staates die Bündnistreue Polens gegenüber dem Warschauer (Gegen-)Pakt betonte, mutet allerdings eher seltsam an.

Die Sowjets waren ebenfalls beunruhigt, freilich aus anderen Gründen: Sie fürchteten, dass sich Polen mithilfe Deutschlands vom Ostblock lösen wolle. Um diese Befürchtung zu zerstreuen, wandte sich

Brandt, wie er den drei westlichen Partnern erklärte, in »einigen Zeilen«, an den sowjetischen Ministerpräsidenten Alexei Kossigyn.[66] Der Kanzler sah sein Deutschland als Brücke zwischen Ost und West … Das war genau die Haltung, die Kissinger als Gespenst von Rapallo identifizierte.

Der Blick von heute auf Brandts Kniefall

Fast vergessen sind die tagespolitischen Tücken jener Jahre. Sie gehören zur Geschichte, aber historisch, im Sinne von dauerhaft weltbewegend, sind sie nicht mehr. Ganz anders der Kniefall. Zu Recht überstrahlt er das politische Klein-Klein jener Zeit. Er überstrahlt auch Kanzler-Kritik von Kissinger, Heath oder Pompidou sowie das damals erstaunlich geringe internationale Medienecho.[67]

Aus der Sicht des demokratisch-westlichen und kommunistisch-östlichen Auslands »lieferte« Brandt damals, was Deutschland liefern sollte: Entspannungspolitik sowie die Anerkennung des Status quo nach Hitler. Judenpolitische Reue war aus westlicher Sicht ein willkommenes, doch nicht unbedingt erforderliches, aus östlicher Sicht ein höchst ärgerliches, dem jüdischen, besonders dem israelischen Feind dienliches Neben»produkt«. Zugleich weckte Brandts Ostpolitik westliche Rapallo-Ängste vor deutschen Alleingängen mit der Sowjetunion.

US-Präsident Nixon war weder von jüdischen Wählern noch Wahlkampf-Finanzierern abhängig und – trotz seines jüdischen Sicherheitsberaters und späteren Außenministers Henry Kissinger – alles andere als frei von Antisemitismen. In die seit dem Oktoberkrieg 1973 bestehende strategische Allianz zwischen den USA und Israel war er eher umständehalber als willig hineingerutscht, zumal er noch 1969, durchaus auf Kosten Israels, eine »ausgewogene« Nahostpolitik angestrebt hatte.

Unter Präsident Pompidou war das Thema »Frankreich und die Kollaboration mit den NS-deutschen Besatzern« noch total tabu. Eher galt: Alle Franzosen gehörten, wie alle Italiener, Griechen und so weiter sowie erst recht »die« Österreicher«, zu Résistance und

Widerstand. Vergessen wir nicht, dass Pompidou den geradezu vehement israelkritischen, um nicht zu sagen: seit November 1967 -feindlichen Kurs de Gaulles fortsetzte und dabei gute Geschäfte machte: Erst Anfang 1970 hatte seine Regierung mit dem libyschen Diktator Gaddafi, damals einer der internationalen Terrorpaten, einen Vertrag geschlossen, der die Lieferung von 110 Mirage-Kampfflugzeugen vorsah. 50 von Israel bereits bezahlte wurden schon von de Gaulle nicht ausgeliefert. Pompidou setzte noch eins drauf: Fünf von Israel bestellte und bereits bezahlte Raketenboote durften nicht ausgeliefert werden. Israels Marine bereitete sich am 24. Dezember 1970 selbst das schönste Weihnachtsgeschenk, indem sie diese bei einer Nacht-und-Nebel-Aktion aus Frankreich entführte, ohne einen einzigen Schuss abzufeuern.

Fast zwei Jahre später führten die von »den« Deutschen, insbesondere Deutschen wie Willy Brandt, gezogenen Lehren aus der deutschen, vor allem deutsch-jüdischen Vergangenheit zur Untauglichkeit in der Gegenwart. Sie bewirkten eine im wahrsten Sinne des Wortes fatale Wehrunfähigkeit – auf Kosten von Juden. Die Rede ist vom Massaker an israelischen Sportlern während der »Fröhlichen Spiele«, also der Münchener Olympiade 1972.

Terror in München: Olympia 1972

Weiches Deutschland, weicher Kanzler – Eine historische Ortung

Auch judenpolitisch ist die Stadt München in mehrfacher Hinsicht ein Historischer Ort, als »Hauptstadt der (NS-)Bewegung« mit einigen untergeordneten historischen Orten wie der Feldherrenhalle (Hitler-Marsch 9. November 1923) oder der Münchener Konferenz (September 1938). Sie ist es ebenso wegen des von palästinensischen Terroristen an israelischen Sportlern während der Olympiade im September 1972 verübten Massakers.

Die Kanzlerschaft Willy Brandts bleibt für immer nicht nur mit dem Kniefall am Warschauer Ghetto-Mahnmal verbunden, sondern auch mit »Olympia, München 1972«. So sehr sich diese beiden historischen Willy-Brandt-Orte unterscheiden, sie sind charakteristisch nicht nur für den vierten Kanzler der Bundesrepublik. Sie symbolisieren insgesamt sowohl die Stärke als auch die Schwäche des neuen, weichen und deshalb so sympathischen Deutschlands ohne Säbelrasseln, Hochmut und Aggression. Dieses neue, nicht zuletzt von Willy Brandt geprägte und von Willy Brandt personifizierte Deutschland war – und ist – einerseits sympathisch und deshalb zu Recht und inzwischen noch mehr als zu Brandts Zeiten weltweit beliebt (trotz taktisch bedingter Pseudo-Nazismus-Vorwürfe gegen Neu-Deutschland und neudeutsche Politiker vor der AfD-Ära), andererseits durch seine (manchmal naive) Weltoffenheit und Toleranzwilligkeit extrem verwundbar. Das hat zum ersten Mal in der Nachkriegsgeschichte und wohl bis zum 19. Dezember 2016 (Terroranschlag am Breitscheidplatz, Berlin) am eindringlichsten München 1972 gezeigt. Für die Ära Brandt, für ihn selbst und das neue Deutschland ist das durchaus symbolisch. Und auch für den fundamentalen Unterschied in der

Einstellung zwischen dem neuen Brandt-Deutschland einerseits und andererseits »den« Juden, vorsichtiger: Israel. Es gilt ebenso gegenüber dem Problem von Gewalt und Gegengewalt.

Kollektivschablonen sind wirkmächtig, ob man will oder nicht. Vor 1945 waren »die« Deutschen das »Tätervolk« und »die« Juden das Opfervolk. Für die Nachkriegsära wurde daraus ein völlig gegenteiliges, aber ebenso wirkmächtiges Credo und Leitmotiv abgeleitet: »Nie wieder Gewalt!«, »Nie wieder Krieg!«, »Nie wieder Auschwitz«, auf keinen Fall Gewaltanwendung als Mittel der Politik. Das war die Lehre, die »die« Deutschen aus ihrer Geschichte zogen. »Die« Juden und »die« späteren Israelis haben aus derselben Geschichte, in der sie die Opferseite verkörperten, eine ganz andere Lehre gezogen: »Nie wieder Opfer!« und notfalls Ja zur Gewaltanwendung als Mittel der Politik. Hier stehen einander zwei völlig entgegengesetzte Weltsichten gegenüber.

Das wurde im September 1972 wahrscheinlich erstmals aller Welt vor Augen geführt. Unter Friedens-, Anti-Kriegs- und Anti-Terror-Politik wird in Deutschland und Israel bis heute und sicher über das Heute hinaus jeweils völlig anderes verstanden. Jede Seite hat aus ihrer Sicht recht. Genau deshalb können Deutsche, Israelis und ganz allgemein Juden hierbei nicht zusammenfinden. Individuelle Ausnahmen bestätigen die Regel. Im Bild gesprochen: »München« ist überall – als Chiffre zwischen Bonn, nunmehr Berlin, und Jerusalem. Im taktisch-operativen Bereich mag Deutschland heute (hoffentlich) geschickter als 1972 agieren, prinzipiell schwebt Willy Brandts Friedensgeist immer noch über den deutschen Landen. Den einen gefällt's, den anderen missfällt's. So ist es. Willy Brandt lebt und seit September 2015 (Flüchtlingsaufnahme) scheint er manchen wieder auferstanden in der Person Angela Merkels.

»Jad Waschem«

Die Opfer von München 1972 leben nicht mehr. Sie sind weitgehend vergessen. Daran ändert weder die eindrucksvolle Gedenkskulptur des Landshuter Bildhauers Fritz Koenig (1924–2017) im Münchener

Olympiapark etwas noch der im Herbst 2016 eingeweihte Gedenkraum im ehemaligen Olympiadorf, wo die israelischen Sportler von Palästinensern ermordet wurden. Die bayerischen Behörden hatten es offensichtlich besonders eilig, nach dem Blutbad von 1972 diesen stillen Erinnerungsort einzurichten. Immerhin dauerte diese Aktion nur 45 Jahre. Angesichts der Ewigkeit ist das weniger als ein Wimpernschlag.

Anstand und Pietät gebieten es, zunächst der unschuldig Getöteten namentlich zu gedenken, ein virtuelles »Jad Waschem« schreibend zu errichten – ein Mahnmal (»Jad«), das Einzelnamen (»Schem«) nennt. Das ermöglicht zugleich einen Intensivkurs in jüdisch-israelischer Geschichte, es stellt Einzelschicksale in größere Zusammenhänge.

David Berger, Jahrgang 1944, Gewichtheber und promovierter Jurist der Columbia University New York, 1970 nach Israel eingewandert. *Seew Friedman*, ebenfalls Gewichtheber, Sportlehrer, 1944 in Sibirien geboren, wohin seine polnischen Eltern nach der Ermordung ihrer Eltern vor der deutschen Tötungsmaschinerie geflohen waren. 1958 Umsiedelung nach Polen, 1960 Einwanderung nach Israel. *Josef Gutfreund* – es war die vierte Olympiade dieses international hochangesehenen Ringkampfrichters, der in Jerusalem ein Elektrogeschäft betrieb. 1931 in Rumänien geboren, dort den Holocaust überlebt, 1948 nach Israel eingewandert. Verheiratet, Vater zweier Töchter. *Elieser Halfin*, Ringer, 1948 in Riga, damals Sowjetunion, geboren. Die erste Frau seines Vaters sowie deren Kinder waren im Ghetto Riga umgekommen, 1969 nach Israel eingewandert, was damals den Sowjetbehörden hart abgerungen werden musste. *Josef Romano*, Gewichtheber und Trainer, 1940 in Bengasi, Libyen geboren, 1946 mit seinen Eltern vor arabischer Verfolgung nach Israel geflohen, verheiratet, drei kleine Töchter. Er wurde von den Terroristen noch im Olympischen Dorf erschossen. Er verblutete vor den Augen seiner Kameraden. *Amizur* (auf deutsch »Mein Volk ist ein Felsen) *Shapira*, Leichtathletik-Trainer, 1932 in Tel-Aviv geboren, Vater von vier Kindern. *Kehat Shorr*, Trainer der israelischen Sportschützen, 1919 in Rumänien geboren, wo er als Partisan im Zweiten Weltkrieg gegen die deutschen Besatzer gekämpft hatte; 1963 mit

Frau und Tochter nach Israel eingewandert. *Mark Slavin*, in Minsk 1954 geboren, sowjetischer Ringermeister im Griechisch-Römischen Stil, im Mai 1972 nach Israel eingewandert, am 6. September ermordet. Warum? Weil er Israeli war. Fechttrainer *André Spitzer*, 1945 in Rumänien geboren, 1964 in die Niederlande gezogen, Heirat und Auswanderung nach Israel 1971, seine Tochter wurde einen Monat vor der Olympiade geboren. Gegen die Mühlen der Bundesregierungen, Bayerns und der deutschen Justiz kämpfend, trotzte sie später den sich windenden und widerstrebenden bundesdeutschen Behörden eine Entschädigung ab, von der wegen der Millionenkosten des Rechtsstreits kaum etwas übrig blieb. *Jaakow Springer*, Gewichtheber-Schiedsrichter, 1921 in Polen geboren, 1939 floh er vor der anrückenden Wehrmacht und SS in die Sowjetunion. Seine gesamte Familie wurde im Holocaust vernichtet. Nach dem Krieg Rückkehr nach Polen, wo er als einziger Jude seiner Altersgruppe zur Sportakademie durfte, 1952 wanderte er mit Frau und zwei Kindern nach Israel aus. Zur Münchener Olympiade, nach Deutschland, wollte Springer zunächst nicht. *Mosche Weinberg* (nicht Weinberger, wie auf der Münchener Gedenktafel), 1939 in Israel (damals britisches Mandat »Palästina«) geboren, Trainer der israelischen Ringer und Direktor der Nationalen Wingate-Sportakademie. Der Vater eines neugeborenen Sohnes wurde von den Terroristen bereits im Olympiadorf erschossen. Seine Leiche warfen die palästinensischen Terroristen vor die Unterkunft der Israelis. Zu gedenken ist selbstverständlich des Münchener Polizeiobermeisters *Anton Fliegerbauer*. Am Kontrollturm des Flughafens Fürstenfeldbruck wurde der Dreißigjährige tödlich getroffen. Durch einen unglücklichen Zufall kam er zum Einsatz, erfuhr ich von seiner tapferen Witwe. Andere Kollegen hatten in Fürstenfeldbruck Befehle verweigert, er hat seine Pflicht erfüllt. Ein stiller Held, dessen ehrenvoll zu gedenken ist.

Pietätlos, weil die Opfer verhöhnend und daher nicht versöhnend, wäre ein namentliches Gedenken an die fünf palästinensischen Terroristen, die getötet wurden, als die deutschen Verantwortlichen auf dem Flugfeld Fürstenfeldbruck vergeblich und eher stümperhaft versuchten, die israelischen Geiseln zu retten. Die drei dabei verletzten palästinensischen Mörder verdienen erst recht keine namentliche Erwährung. Sie kamen bereits am 29. Oktober 1972 frei und wurden in Gaddafis Libyen als Helden willkommen geheißen. Terrorkollegen hatten zuvor eine Lufthansamaschine nach Zagreb, Jugoslawien, entführt. Die Bundes- und bayerische Regierung gaben so schnell nach, dass der fatale Eindruck entstand, Bonn und München seien heilfroh, diese Er- und Freipressung schnell hinter sich gebracht zu haben. Dazu das nächste Kapitel.

Vorgeschichte(n)

München 1972 stehe für eine neue Form der Kriminalität, den internationalen Terrorismus, belehrte Hans-Dietrich Genscher, damals Bundesinnenminister, das In- und Ausland nach dem Anschlag: Das schien überzeugend, stimmte aber nicht. Bezogen auf den internationalen Terrorismus ist München 1972 kein historischer Ort, sondern ein Ereignis bzw. Teil einer Ereigniskette. Keineswegs ein erstmaliges Ereignis.

Zwischen 1968 und 1970 gab es weltweit 13 größere Terroranschläge, davon drei in Deutschland. Erinnert sei an einige: 8. September 1969, Handgranatenanschlag auf die Israel-Botschaft in Bonn. München, 10. Februar 1970, Anschlag auf Passagiere und Besatzung eines El-Al-Flugzeuges mit der Absicht, es zu entführen. Ein toter Israeli, mehrere Schwerverletzte. Die drei palästinensischen Terroristen wurden verhaftet – und am 7. September 1970 von der Bundesregierung, mit Zustimmung der bayerischen, freigelassen. Das geschah in Windeseile, nachdem die »Volksfront für die Befreiung Palästinas« (PFLP) – geführt vom Arzt (!) George Habasch – tags zuvor ein Schweizer sowie zwei US-Verkehrsflugzeuge gekapert und nach Jordanien entführt hatte. An Bord waren auch zwei deutsche Geiseln, die allerdings erst am 25. September befreit wurden – von der jordanischen Armee. Seit dem 16. September hatte diese den Versuch der Palästinenserorganisationen vereitelt, im Königreich die Macht zu erobern. König Hussein ließ dabei die Palästinenser im Land regelrecht niedermetzeln. Daher, aus Sicht der Palästinenser, »Schwarzer September«. Gründer und Kommandant dieser Terror-Eliteeinheit war Abu Ijad, Arafats Stellvertreter.

Als selbst ernannter »Vermittler« zwischen den diversen Akteuren dieser Entführungen und im, ja, Krieg zwischen König Hussein von Jordanien und den Palästinensern fungierte, mit Billigung von Kanzler Brandt, Hans-Jürgen Wischnewski (»Ben Wisch«), damals SPD-Generalsekretär und Deutschlands prominentester »Araberfreund«. In Israel war man »begeistert«, zumal Brandts »Ben« sich televisionär erkennbar mit Arafat anfreundete und (trotzdem, gerade deshalb?) nicht verhindern konnte, dass die palästinensischen Entführer Dr. Josef Mengeles Auschwitz-»Modell« der »Selektion« abwandelten, indem sie alle jüdischen und israelischen Passagiere von den übrigen absonderten. Und nicht das einzige Mal. So auch im ugandischen Entebbe, wo, Anfang Juli 1976, wieder palästinensische Terroristen, gemeinsam mit Gesinnungsfreunden der deutschen RAF, jüdische von nichtjüdischen Geiseln »selektierten«. In dieses Selektionsmuster passt auch München 1972, denn der Überfall galt auch hier nur Juden, in diesem Fall Israelis.

Zurück zur terroristischen Vorgeschichte von München. 21. Februar 1970 – Sprengstoffanschlag auf ein Flugzeug der österreichischen Fluglinie AUA. Am 6. Februar 1972 erschossen palästinensische Terroristen fünf Jordanier in der Nähe von Köln. Gleichzeitig legte der Schwarze September eine Sprengbombe in einer Montagefirma bei Hamburg, die Waffenteile herstellte und nach Israel lieferte. Ebenfalls im Februar 1972 und wieder der Schwarzen September: Anschlag auf ein Gaswerk in Hamburg-Harburg. Gleichzeitig zwangen andere Palästinenser eine Lufthansamaschine zum Kurswechsel, um ein hohes Lösegeld freizupressen. 8. Mai 1972: Ein Flugzeug der belgischen Linie Sabena wurde auf dem Flug Brüssel–Tel Aviv von Palästinensern entführt. Es sind Mitglieder des Schwarzen September. Innerhalb von neunzig Sekunden befreite die israelische Anti-Terror-Eliteeinheit Sajeret Matkal die Geiseln, erschoss zwei und verhaftete zwei weitere Terroristen. Ende Mai 1972 auf Israels Flughafen Lod: Blutbad durch ein Terrorkommando der PFLP und der Japanischen Roten Armee. 24 Tote, 72 Verletzte.

Wie weiland Babylons Belsazar hatten Kanzler Brandt, Innenminister Genscher, Außenminister Scheel und andere die Zeichen an der Wand missachtet. Gleiches gilt übrigens auch für Israels Sicherheitsdienste. Vor dem 5. September 1972 ahnten sie nichts bezüglich olympischer Terrorgefahren.

Willy Brandt und Walter Scheel – sie gehören zur deutsch-israelischen Vorgeschichte von München 1972. Wir erinnern uns an ein Detail aus dem Kapitel über Willy Brandts Kniefall. »Im Ganzen müssten auch wir gegenüber Israel eine Politik ohne Komplexe betreiben«, hatte der Kanzler am 11. Februar 1970 – also nicht einmal 24 Stunden nach dem Terroranschlag auf dem Flughafen München – bei einem internen strategischen Spitzengespräch der SPD/FDP-Koalition verkündet. Wir haben gesehen, dass diesen Worten Taten folgten. Die neubundesdeutsche, Brandt-Scheel'sche Israel-Distanz breitete sich allmählich immer heftiger aus. Jerusalem befürchtete, die traditionell israelfreundliche Nahostpolitik Bonns könnte auf dem Altar der sozialliberalen Ostpolitik geopfert werden. Eine Verstimmung folgte der anderen. Dann Ben Wisch im September 1970. Dann der Mai 1971: Die EG verabschiedete (rein zufällig in München) ein Nahostpapier, das vehementer denn je die Beteiligung der bis dahin boykottierten Palästinenser an Verhandlungen forderte. Scheel war dabei die treibende Kraft.

Das amtliche Israel tobte: »Ausgerechnet Deutschland!« Es tobte noch mehr nach dem 10. November 1970, Scheels Besuch im KZ Auschwitz: In seinem Eintrag ins Gästebuch betonte er die allgemeine Unmenschlichkeit jener Hölle und ließ die Einzigartigkeit der Judenvernichtung unerwähnt. Opfer waren für Scheel Opfer, die Juden eine Gruppe neben anderen. Das war für die jüdisch-israelische Öffentlichkeit inakzeptabel. Heute ist es das auch für politisch korrekte deutsche Augen und Ohren. Das hat sich aber erst nach dem Historikerstreit von 1986 geändert, als eine breite Debatte über die Singularität des Holocaust und die »Vergangenheitsbewältigung« in Deutschland stattfand. Die Regierung Brandt war mit so großen Hoffnungen für das deutsch-jüdisch-israelische Verhältnis verknüpft gewesen. Inzwischen glich dieses Verhältnis bei allem Pragmatismus atmosphärisch einem Scherbenhaufen.

Das Terror-Ereignis als Ereigniskette

Das Münchener Olympia-Massaker begann am 5. September und endete am 6. September 1972. Aber nur scheinbar. De facto ist es Bestandteil einer Ereigniskette. München hatte zahlreiche Vor- und Nachereignisse. Einige Voraktionen wurden bereits erwähnt. Wichtige Folgeereignisse bzw. Ereignisketten wären zu erwähnen. Dass die Freilassung der Terroristen von der Regierung Brandt-Scheel erpresst werden konnte, war ein Appeasement der peinlichsten Art. Es hat nicht nur palästinensische Terroristen weltweit ermutigt, immer häufiger demokratische Staaten zu erpressen.

Israel blieb seinerseits nicht untätig und unternahm einen jahrelangen, reaktiven und präventiven Feldzug gegen die Täter sowie andere palästinensische und nicht palästinensische Terroristen. Seit September 1972 folgten Morden umgehend Gegenmorde. Dabei begingen die israelischen Dienste teilweise krasse Fehler. Sie liquidierten dabei letztlich nur die untere Terroristen-Ebene, nicht die Drahtzieher.[1] Der Höhepunkt der Pannenserie ereignete sich im Herbst 1973: Dass Ägypten und Syrien den Jom-Kippur-Krieg vorbereiteten, hatte Israels politische und militärische Führung nicht erkannt. Wie das Münchener Attentat, traf sie dieser Waffengang weitgehend unvorbereitet.

Bis Anfang der 1990er-Jahre hatte die Terrorstrategie auch den Palästinensern keinen Millimeter des von ihnen ersehnten Territoriums verschafft. Ein Umdenken begann. Sogar bei Abu Ijad, dem Kommandeur des Schwarzen September. Er sah ein, dass Terror keine Alternative zur Politik war und dass Terror »nur« Israels Alltag, jedoch nicht seine staatliche Existenz gefährdete. Für diese Wahrnehmung der Wirklichkeit als Wirklichkeit ließ ihn der palästinensische Dauer-Terrorist Abu Nidal 1991 ermorden. Den Weg zur gewaltfreien Politik schlug Abu Daoud, der Drahtzieher des Münchener Blutbades, etwa zur gleichen Zeit ein wie Abu Ijad. Deshalb gewährte ihm Israel 1996 die Einreise in die Palästinensergebiete – wo sich niemand mehr für ihn interessierte. Abu Daoud starb, ohne israelische Nachhilfe, in Damaskus 2010 an Nierenversagen, wo ihn der große

»Menschenfreund«, Präsident Assad jr., auf dem Märtyrerfriedhof beerdigen ließ.

Erst das »Oslo Abkommen« vom September 1993 beendete die Ereigniskette von »München 1972«. Auch danach gab und gibt es zwischen Palästinensern und Israelis Gewalt und Gegengewalt, sowie heute den internationalen, vornehmlich islamistisch-religiös motivierten Terrorismus. Er ist mit dem traditionellen, weltlichen der damaligen Palästinenser zwar vergleichbar, doch nicht gleichzusetzen.

Terror in München

Das Ereignis vom 5. September 1972 lässt sich in drei Phasen einteilen. Erstens der Überfall, zweitens die Phase bi- und multilateraler Verhandlungen und drittens das Debakel der in Fürstenfeldbruck erhofften und total misslungenen Geiselbefreiung, die mit dem Tod aller israelischen Geiseln sowie dreier Terroristen endete und bei der auch der deutsche Polizist Anton Fliegerbauer sein Leben (durch feindliches oder freundliches Feuer?) verlor.

Völlig ungehindert kletterten die acht Terroristen am 5. September 1972 zwischen vier und fünf Uhr morgens über den Zaun zum Olympischen Dorf. Mühelos drangen sie in die Connollystraße 31 ein, wo die israelische Delegation untergebracht war. Besondere Schutzmaßnahmen hatten weder die Israelis verlangt noch die Deutschen vorgeschlagen. Das hat sich seitdem grundlegend geändert. In Deutschland und weltweit. Auch deshalb ist »München 1972« ein *historischer Ort*, also eine Zäsur. Danach war vieles anders. Der internationale Terrorismus war damals und bis dahin zuerst und vor allem palästinensisch. Er richtete sich gegen Israelis, andere Juden sowie Freunde Israels und der Juden. Aktionen gegen Juden, weil sie Juden sind, bezeichnet die Wissenschaft als »Antisemitismus«, Aktionen gegen Israelis, weil sie Israelis sind, als »Antizionismus«. Der erste, palästinensisch dominierte und weltliche, Terrorismus war zugleich antizionistisch und antisemitisch, hatte allerdings durchaus internationale Verflechtungen, Verbindungen und Ziele. Der islamistische Terror der

Gegenwart ist einerseits innerislamisch (Sunniten versus Schiiten und umgekehrt) sowie andererseits gegen »den« Westen gerichtet. Juden und Israel sind dabei nur ein Teil des westlichen Ganzen.

Phase eins: Mit einem schlechten und deshalb lärmenden Nachschlüssel öffneten die acht Terroristen am frühen Morgen des 5. September die Tür des ersten israelischen Olympionikenquartiers. Alarmiert stand der Ringer Josef Gutfreund auf. Blitzschnell erkannte er die Gefahr. Mit seinem Körpergewicht versuchte er, den Zugang zur Wohnung zu versperren. Vergeblich. Gegenwehr versuchten auch Ringertrainer Mosche Weinberg und Gewichtheber Josef Romano. Sie wurden von den palästinensischen Terroristen sofort erschossen.

Nun werden die Forderungen der Terroristen bekannt: Israel solle 236 gefangene Palästinenser und einen japanischen Terroristen freilassen, die Bundesrepublik die RAF-Terroristen Andreas Baader und Ulrike Meinhof. Das Signal in Richtung Deutschland war eindeutig und betraf nicht nur Israel und Palästina. Tua res agitur, Deutschland. Es betraf auch deutsche Linksterroristen, die, am 5. September 1972 noch deutlicher als zuvor jedermann erkennbar, Teil des Kampfes gegen Juden und Israelis waren.

Seit Juni 2012 wissen wir, dass deutsche Rechtsextremisten ebenso den Terroristen von München halfen. Todfeinde, Links- und Rechtsterroristen, gemeinsam mit »semitischen Arabern« im Zweckbündnis gegen Juden und Israel. Ist das eine Überraschung, gar Sensation, ein zweiter *historischer Ort* von München 1972? Nein. Schon zwischen 1939 und 1945 hatten palästinensische, andere arabische Nationalisten und Muslime im Kaukasus mit Hitler-Deutschland gut und gerne kooperiert, nicht zuletzt gegen »den Westen«, »die« Zionisten und andere Juden. Nach 1945 fanden »Alte Kämpfer« Bleibe oder militärischen Brotberuf in Ägypten und Syrien. In den 1970er- und 1980er-Jahren trainierten die rechtsterroristische Wehrsportgruppe Hoffmann und RAF-Terroristen in Palästinenserlagern auf dem Boden des Libanon und Süd-Jemen, finanziert und organisiert von UdSSR und DDR. Dass die Geschichte des real existierenden Sozialismus auf deutschem oder anderem Boden frei von Antisemitismus und Antizionismus gewesen wäre, ist eine von manchen liebevoll gehegte Legende.[2]

Dass aber deutsche Rechtsterroristen wie der »Nationalsozialistische Untergrund« (NSU) vornehmlich Muslime und nicht Juden bekämpfen oder ermorden, ist eine relativ neue Entwicklung, also tatsächlich ein *historischer Ort*. Doch das ist nicht unser Thema.

Die zweite Phase war die längste des Tages von München. Die Verhandlungen zogen sich über Stunden hin. Die Koordinierung der Rettungsbemühungen zwischen Bund, Land Bayern, Stadt München und Israels Regierung glich der Quadratur des Kreises, und die von Bonn kontaktierten arabischen Staaten waren an Solidarität mit den Palästinensern interessiert, nicht am Leben der israelischen Geiseln.

Um 9.30 Uhr trat das israelische Kabinett unter Ministerpräsidentin Golda Meir zusammen. Es wurde beschlossen: Über eine Freilassung der in Israel inhaftierten Terroristen werde nicht verhandelt. Diesen Weg, so legen die israelischen Dokumente nahe, bevorzugte besonders die Bundesregierung. Das entsprach ihrer weltpolitischen Deeskalations-Philosophie, den Überzeugungen des Friedensnobelpreisträgers Willy Brandt und war nicht zuletzt den anstehenden Bundestagswahlen im November 1972 geschuldet. Diese sollten – und haben – über Sein oder Nichtsein der sozialliberalen Koalition Brandt/Scheel sowie deren Ostpolitik entschieden.

Israels Regierung setzte andere Prioritäten, obwohl immer wieder – mal indirekt, mal ausdrücklich – angedeutet wurde, dass man der Regierung Brandt keine Probleme bereiten wolle:[3] Man erwarte, dass die deutsche Regierung alles tun werde, um die Geiseln zu retten. Gedacht war dabei an eine gewaltsame Befreiung durch eine Überlistung der Terroristen. Zuerst war erwogen worden, als »Berater« für eine solche Aktion Verteidigungsminister Mosche Dajan sowie den Mossad-Chef Zwi Samir nach München zu entsenden. Weil Dajan zu bekannt und mit seiner Augenklappe für jedermann sofort erkennbar war, blieb er in Israel. Gegen 21 Uhr traf Samir im Olympischen Dorf ein.[4]

Seit 18.30 Uhr hatte Bundeskanzler Brandt versucht, ein »dringendes Telefongespräch mit dem ägyptischen Staatspräsidenten Sadat zu führen«. Um 20 Uhr wurde ihm mitgeteilt, dass dieser erst eine Stunde später erreichbar sei. »Sofort« wollte Brandt dann »ein verantwortliches Mitglied der ägyptischen Regierung« sprechen. Um

20.40 Uhr schließlich, zwanzig Minuten vor Samirs Ankunft, kam ein Gespräch mit Ministerpräsident Aziz Sidky zustande. Brandts Vorschlag: Die »arabischen Terroristen« sollten »zusammen mit den Geiseln nach Kairo geflogen werden«. Diese bekämen dann »die Möglichkeit ..., Ägypten wieder zu verlassen ... Der Premierminister lehnte diesen Vorschlag ab mit der Begründung, dass Ägypten in die ganze Angelegenheit nicht verwickelt werden wolle.«[5]

Sprach Brandt gegenüber Sidky, wie es in der Aufzeichnung seines Bundeskanzleramtes heißt, tatsächlich von »arabischen Terroristen«? Das muss offen bleiben. Jahrzehnte später wäre, opportunistisch korrekt und terrorerfahren, wohl eher von »vermeintlichen« oder »mutmaßlichen Tätern«, nicht »Terroristen« gesprochen worden. So oder so. Den Terroristen wurde dieses als Täuschung gedachte »Ausflugs«angebot unterbreitet. Sie wurden gemeinsam mit den Geiseln zum Flugfeld Fürstenfeldbruck gefahren. Anders als den Terroristen vorgegaukelt, sollten und wollten dort deutsche Sicherheitskräfte die Geiseln gewaltsam befreien. Artig informierte die deutsche Seite den Mossad-Chef. Er stimmte dem Plan zu, denn er deckte sich mit den israelischen Vorstellungen: Austausch? Nein!

Die Tragödie nahm ihren Lauf, und nicht nur das amtliche Israel war über die »Tölpelhaftigkeit«[6] der deutschen »Sicherheits«-Akteure entsetzt. Auch darüber, dass zuvor, während der Geiselnahme, eine Unterbrechung der Olympiade nicht, wie von Israel vorgeschlagen, durchsetzbar war. Das, so Bonns Botschafter in Israel am 6. September, entsprach zunächst auch dem Wunsch der Bundesregierung.[7] Weshalb zunächst? Bedauernd hatten die Bundesregierung sowie das Internationale Olympische Komitee zur Kenntnis genommen, dass die deutschen Fernsehsender über kein Alternativprogramm verfügten.[8]

Widerwillig, den Umständen und besonders israelischem Druck geschuldet, erklärte sich der deutsche Krisenstab am Ende schließlich doch bereit, Gewalt einzusetzen. Gewaltfähig war Deutschland damals aber nicht. Das zeigte Phase drei auf dem Flugfeld Fürstenfeldbruck. Am frühen Morgen des 6. September waren alle israelischen Geiseln tot und ein deutscher Polizist erschossen. Die Bilanz der Terroristen: Fünf Tote und drei Verletzte. Auf die wiederholte

Schilderung der krassen Fehlleistungen sei hier verzichtet. Wir wollen einordnen, historisch verorten. »Nie wieder Täter mit Gewalt!« hier, im neuen Deutschland. »Nie wieder Opfer durch Gewalt!« dort, in Israel und der gesamten jüdischen Mehrheitswelt. Nie zuvor war so deutlich erkennbar geworden, wie unterschiedlich die »Lehren aus der Geschichte« waren, die Deutschland und Israel, ja, die »Jüdische Welt«, aus demselben Urverbrechen, dem Holocaust, gezogen hatten.

6. September 1972, der Morgen nach der Schreckensnacht von Fürstenfeldbruck. Außenminister Walter Scheel sah keinen besonderen diplomatischen Handlungsbedarf. Er notierte zur Aufforderung, die diplomatischen Beziehungen zu Israel und der arabischen Welt zu prüfen: »Das Leben geht weiter.«[9] Dieser Odem war bis Jerusalem spürbar.

Die israelische Öffentlichkeit tobte: »Wieder Deutschland« oder »Immer noch Deutschland«. »Wie damals« und so weiter. Ministerpräsidentin Golda Meir und ihr Kabinett steuerten gegen, und, anders als sein Außenminister, ging Kanzler Brandt keineswegs mir nichts, dir nichts zur Tagesordnung über. Er bekundete, ebenfalls am 6. September, sein tiefes Mitgefühl, wofür »Golda« ihm telegrafisch in ebenfalls warmen Worten dankte. Dabei lobte sie besonders die deutsche Weigerung, den Terroristen nachzugeben. Nicht der Hauch eines Vorwurfs also. Bonns Botschafter Jesco von Puttkamer schlug – allerdings ohne Rücksprache mit dem Kanzler – vor, dass Willy Brandt zur Beerdigung der Opfer persönlich nach Israel komme. Das ging Golda Meir und ihren Kabinettskollegen denn doch zu weit, wenngleich sie und das gesamte Kabinett ausdrücklich den Willen der Bundesregierung würdigten, das Geiseldrama nicht durch Verzicht bzw. williges Nachgeben, sondern – unabhängig vom tragischen Ausgang – eben notfalls mit Gewalt zu lösen.[10]

Der Zorn Israels müsse sich gegen »die Araber« richten und nicht gegen »die Deutschen«, appellierte Außenminister Abba Eban an die Ministerrunde. Ihm wurde beigepflichtet. Die israelischen Regierungsdokumente zeigen glasklar, dass vor allem Golda Meir Willy Brandt als Freund Israels nicht zuletzt in Europa und gegenüber der Sowjetunion betrachtete. Bei der stillen Auswanderung sowjetischer

Juden nach Israel hatte sich die Brandt'sche Ostpolitik als außerordentlich hilfreich erwiesen. Auch als Sozialdemokratin wollte sie alles vermeiden, was Brandts und seiner Partei Chancen bei der Bundestagswahl am 19. November 1972 hätte mindern können.[11] Ausdrücklich bat Golda Meir führende Personen und Institutionen in Israel, jene Tragödie nicht in eine Anti-Deutschland-Kampagne umzuwandeln. Im gleichen Geist erging vom Außenministerium eine Anweisung an alle Auslandsvertretungen.[12] So weit Stimmung und Einschätzung der führenden Israelis am Vormittag, in der Kabinettssitzung, die um 9 Uhr begonnen hatte.

Gegen Abend kehrte Mossad-Chef Samir zurück und berichtete umgehend dem innersten Kreis der Regierung: Golda Meir sowie den Ministern Eban, Allon und Galili. Seine Versuche, die Aktion mitzugestalten, seien kategorisch abgelehnt worden. Alles sei chaotisch abgelaufen, die deutschen Sicherheitskräfte hätten unprofessionell und unengagiert gehandelt. »Sie haben nicht einmal einen minimalen Versuch unternommen, Menschenleben zu retten … Sie wollten das Ganze so schnell wie möglich hinter sich bringen, um die Olympiade fortsetzen zu können.«[13]

Golda Meir fragte ihn, weshalb die israelischen Sportler im Olympiadorf (nicht von Anfang an) geschützt worden seien. Samirs Antwort war den deutsch-israelischen Beziehungen nicht sonderlich förderlich. Vom Sicherheitsoffizier der Bonner Israel-Botschaft habe er dies gehört: Nachdem er die deutsche Polizei um zusätzlichen Schutz für die israelischen Olympioniken gebeten hatte, sei ihm dies gesagt worden: »Was denken Sie sich denn? Hier weht der olympische Geist, und nichts wird passieren.«[14]

Ähnlich brummig klang Mitte Mai 1972 der Sicherheitschef des Olympischen Dorfes, Ernst-Thomas Strecker. Intern, bundesdeutsch, wurde schon zu diesem Zeitpunkt die Sicherheit des Komplexes Olympisches Dorf als nicht ausreichend kritisiert, erinnert sich Norbert Müller, damals Protokollchef im Olympischen Dorf. Offenbar plagten Strecker dann doch Zweifel. Er äußerte sie gegenüber Willi Daume, dem Präsidenten des bundesdeutschen Nationalen Olympischen Komitees. Der platzte regelrecht vor Wut: »Herr Strecker, das muss reichen, wir sind kein KZ!«[15] Die KZ-Keule war, sagen wir zurückhaltend, etwas unpassend, wenn man bedenkt, dass Willi Daume ab 1943 Informant für den Sicherheitsdienst des Reichsführers SS (SD) Heinrich Himmler war, um, wie er nach dem NS-Zivilisationsbruch kundtat, dadurch einem Fronteinsatz zu entgehen. Auch für Millionen anderer deutscher Männer war die Front nicht das Wunschziel. Um seine Sicherheit schien sich Daume vor ebenso wie nach 1945 mehr als um die anderer zu kümmern.

Weder die Verantwortlichen in Bayern noch im Bund wollten ein aktives Eingreifen der israelischen Anti-Terror-Spezialisten. Zwi Samir: »Meine Anwesenheit war ihnen lästig … Es war ihnen unangenehm, dass ich überhaupt gekommen war. Ihre Ablehnung war so stark, dass sie tatsächlich versuchten, uns vom Olympischen Dorf fernzuhalten, und nicht gewillt waren, mit uns zu reden.«[16]

»Ganz schrecklich und schlimm«, fand Golda Meir Samirs Schilderung und bedauerte nun, Bundeskanzler Brandt am Vormittag »eine freundschaftliche Dankes- und Lobesnote« geschickt zu haben. Auf Anregung von Minister Galili wollte sie dem Bundeskanzler eine zweite Note mit der Darstellung Samirs zukommen lassen, die ihm der israelische Botschafter persönlich übergeben sollte. Darin wollte sie Brandt nicht zuletzt bitten, den tatsächlichen Ablauf auch von deutscher Seite zu klären.[17] Hierfür verfasste Samir tags darauf, also am 7. September, eine systematische schriftliche Zusammenfassung, die ins Englische übersetzt und dem Bundeskanzler übermittelt wurde.[18]

Nun wurde es heftig und auch öffentlich. Ping folgte Pong, die Gereiztheit stieg. »Sehr geehrte Frau Ministerpräsidentin, liebe Frau Meir«, schrieb schließlich am 9. Oktober Willy Brandt nach Jerusalem. Er dankte für die Übersendung des Samir-Berichts, den er Bundesinnenminister Genscher weitergeleitet und um Stellungnahme gebeten hatte. Der wiederum wies den Bundeskanzler auf »Ungenauigkeiten bzw. Unrichtigkeiten« im israelischen Bericht hin. Sie wurden dem Brief nach Jerusalem beigefügt und lesen sich recht rechthaberisch, kleinlich-bürokratisch. Willy Brandt dürfte das bemerkt haben und hob (wohl gerade deshalb) hervor: »Ich übermittle Ihnen diese Äußerung nicht aus Rechthaberei, sondern ich möchte dazu beitragen, aufzuklären, wie sich jene tragischen Ereignisse tatsächlich zugetragen haben.« Und dann die frohe Botschaft, die man in Israel gerne las und die sich erstmals 1977 in Mogadischu (Somalia) positiv auf deutsche Anti-Terror-Operationen auswirkte. Stichwort: Gründung der GSG 9, die der Kanzler nicht namentlich erwähnte, aber: »Wir haben inzwischen erste Konsequenzen aus jenen Vorgängen gezogen. Wir haben konkrete Maßnahmen ergriffen und weitere auf internationaler Ebene vorgeschlagen, um dem Terrorismus wirksamer als bisher begegnen zu können.« Da ihm Demut und Freundlichkeit als die beste Verteidigung erschienen, bedankte sich der Kanzler artig bei Frau Meir: »Lassen Sie mich Ihnen, verehrte Frau Ministerpräsidentin und liebe Frau Meir, nochmals für die verständnisvolle und ermutigende Haltung danken, die Sie im Zusammenhang mit den Münchener Ereignissen gezeigt haben.«[19] Gemeint war der erste, besonders freundliche Brief vom 6. September, dem »Tag danach«, und der heftigere, vorwurfsvolle mit dem Samir-Bericht vom 11. September. Beide als »verständnisvoll und ermutigend« zu bezeichnen, kann man getrost »mutig« nennen.

Hinter den Kulissen hatte bereits unmittelbar nach dem Massaker ein politisches Hauen und Stechen als innen- und außenpolitische Mischung begonnen: Die Ostpolitik war höchst umstritten, und die Bundestagstagswahl nahte. Nun drohte auch heftiger Streit über die Nahostpolitik, und Freunde »der« Araber fürchteten, dass durch den Olympia-Terror »die« Araber gebrandmarkt würden. Klassisch für dieses Denk- und Aktionsmuster – bis in die Gegenwart – schrieb Bonns Botschafter in Ägypten, Hans Georg Steltzer, zwei Tage nach dem Massaker, der allgemeinen Empörung gegensteuernd, ans Auswärtige Amt: »So begründet und verständlich diese Empörung auch sein mag, erschiene es mir doch wünschenswert, mäßigend auf die deutsche Öffentlichkeit einzuwirken und sich darum zu bemühen, keine unbegründeten Beschuldigungen gegen arabische Regierungen zu erheben und die Araber nicht pauschal zu verurteilen.«[20]

Das war eine Mischung aus Schönfärberei und Selbstverständlichkeit. »Die« Araber wurden (und werden) nicht pauschal, auch nicht von »den« Israelis, als Terroristen (heute Islamisten) verurteilt. Auch wenn (gegenwärtig) die meisten Terroristen Muslime sind, kann man eben (auch heute) nicht behaupten, die meisten Muslime wären Terroristen. Dennoch erfreut sich diese platte Selbstverständlichkeit damals wie heute großer Beliebtheit, wenn faktisch verhindert werden soll, den Ursachen des Terrors auf den Grund zu gehen. Dieses Argument ist, weil (nochmals) selbstverständlich, ein taktisches Ablenkungsinstrument. Die von Bonns Kairo-Botschafter empfohlene Reinwaschung mancher Regierungen Arabiens war nichts anderes als opportunistische Schönfärberei. Gerade die ägyptische Regierung war im September 1972 unter dem späteren, ab 1977 echten Friedenspolitiker Sadat bei der erbetenen Lösung des Überfalls auf die Münchener Olympiade alles andere als hilfsbereit.

Bundesinnenminister Genscher sowie die Innenminister der Länder schlugen eine härtere Gangart ein. Wirkliche oder vermeintliche Aktivisten und Sympathisanten palästinensischer Terroristen wurden umgehend scharenweise ausgewiesen. Außen-Staatssekretär Frank am 21. Oktober 1972: Diese Maßnahmen hätten »den Eindruck entstehen lassen, es herrsche bei uns eine Pogromstimmung«.[21] Auch andere Spitzen-Diplomaten fürchteten um den »guten Ruf der Deutschen in der arabischen Welt«. Sie wussten und betonten (intern, versteht sich, doch in Dokumenten nachlesbar und im Politischen Archiv des Auswärtigen Amtes auffindbar), dass dieser »gute Ruf« auch 1972 einen Namen hatte: Hitler.

Außenminister Scheel (FDP) intervenierte bei seinem Parteifreund, Bundesinnenminister Genscher, gegen die Abschiebungen. Das wiederum empörte Innenpolitiker in Bund und Ländern. Hier sprach man über Araber und Palästinenser ruppiger als im Auswärtigen Amt: Ministerialdirigent Adolf Gemmer vom Hessischen Innenministerium, so eine Notiz im Auswärtigen Amt, erging »sich … des längeren in Beschimpfungen der Palästinenser …, die er ausschließlich als ›Dreckskerle‹ und ›Halunken‹ bezeichnete«.[22] Die deutsche Industrie protestierte ebenfalls bei Bund und Ländern. Als Folge der Ausweisungen von Arabern befürchtete sie Exporteinbußen auf dem arabischen Markt. Die israelischen Terroropfer? Kein Thema.

Nicht nur israelisch-deutsch, bilateral, auch international fühlte sich der Jüdische Staat einmal mehr allein gelassen und in seiner Weltsicht bestätigt: Sie war (und ist) gesamtjüdisch jahrtausendealt, und ein israelischer Schlager (der wohl auch deshalb zum »Hit«

wurde) hatte sie 1968 einmal mehr auf den Punkt gebracht: »Die ganze Welt ist gegen uns … Das war so und wird immer so bleiben«.

Dass die olympische Gedenkfeier – 6. September 10 Uhr vormittags – diese Wahrnehmung abgeschwächt hätte, lässt sich kaum behaupten. »The games must go on«, verkündete IOC-Präsident Avery Brundage unter tosendem Beifall des Publikums. Das war mehr als nur ein Stich ins ohnehin schon blutende jüdisch-israelische Herz. Warum? Avery Brundage hatte in den 1930ern eine politische Liebelei mit Hitler-Deutschland gepflegt. Seit 1929 amtierte er als Präsident des Olympischen Komitees der USA, 1934 wurde er Mitglied im Internationalen Olympischen Komitee. Dort und in den USA hatte er sich ebenso heftig wie erfolgreich den Forderungen widersetzt, aus Protest gegen die NS-Politik die Winter- und Sommer-Olympiade in Deutschland zu boykottieren. Drahtzieher des Boykottvorschlages waren für Brundage »jüdisch-kommunistische Verschwörer«. Nicht genug, und es gäbe mehr zu ergänzen: 1936 hatte Mr. Brundage durchgesetzt, dass zwei für die Berliner Olympiade nominierte jüdische US-Sprinter durch nichtjüdische ersetzt wurden.

Entsetzt war 1972, wer das wusste. Viele Juden und Israelis wussten es … Auf der Schlussfeier der Münchener Olympiade wehte allein Israels Flagge auf Halbmast, und Avery Brundage erwähnte die israelischen Terroropfer mit keinem Wort. Die im Stadion versammelte »Jugend der Welt«, auch Senioren aller Länder vereinigten sich, um den 85-jährigen Brundage als Jolly Good Fellow zu feiern, und auf der großen Stadion-Anzeigetafel stand: »Thank you, Avery Brundage.« Israels Regierung und Öffentlichkeit war nicht nach Thank You zumute. Weder für seine Rolle im Zusammenhang mit der deutschen Olympiade von 1936 noch 1972. Brundage war für Israels Regierung verständlicherweise ein Buhmann, nicht jedoch Willy Brandt.

Am 13. September sprachen der Kanzler und Israels Botschafter Ben-Horin in Bonn. Der Botschafter übergab dem Kanzler Frau Meirs zweiten Brief, über den das israelische Kabinett zwei Tage zuvor beraten hatte. Das Wortprotokoll beweist, dass Brandt in den dem Massaker folgenden Tagen den arabien- und nahostdiplomatischen Wogenglättern gut zugehört hatte. Noch am 5. September, dem Tag des Überfalls, hatte Brandt erklärt, dass »nunmehr die arabischen Staaten in besonderer Weise gefordert seien«.[23] Bundespräsident Gustav Heinemann hatte tags darauf, in seiner Trauerrede im Olympiastadion »die Einschränkung auf die ›arabischen‹ Staaten bewusst fallengelassen«,[24] was dem Israeli missfiel, und was Brandt so erklärte: Der Bundespräsident wollte »auch die Verantwortung anderer europäischer Regierungen, einschließlich der eigenen, nicht ausschließen«.[25] Das war, versteht sich, charmantes Abwiegeln. Brandts Charme folgte Tacheles: »Mit ihren europäischen Partnern habe die Bundesregierung seit den Ereignissen von München die Frage der Abwehr von Terroraktionen mehrfach besprochen … Das Problem sei besonders in Frankreich angesichts der großen Zahl arabischer Gastarbeiter schwierig.«[26]

Diese Bemerkung kann man verräterisch oder hellseherisch nennen, aber auch analytisch-sachlich beschreiben: Sie dokumentiert das vielschichtige Problemknäuel europäischer Anti-Terrorpolitik – damals wie heute. »Verräterisch« insofern, als dieser Satz im Klartext bedeutet: Der hohe Anteil islamischer (hier: arabischer) Einwohner in Europa (hier: Frankreich) erschwert jegliche Politik und Maßnahme gegen arabischen Terrorismus. Mehr noch: Sie erzeugt einen neuen, in und aus Europa wachsenden Terrorismus, den Binnenterrorismus, »hausgemachten« Terror bzw. »homegrown terrorism«. Anders formuliert: Terrorbekämpfung fördert neuen Terror. Wenn man das zu Ende denkt, dann wären Appeasement, Selbstaufgabe, Wehrlosigkeit die Folge. Eine Horrorvision.

Brandt hat diese Horrorvision realistisch erkannt, benannt sowie vorhergesehen und dennoch jenen hausgemachten Terror sprachlich elegant mit Honig übergossen. Brandts Diagnose und Prognose waren seiner Zeit weit voraus. Einer Therapie war er mit seiner Diagnose ausgewichen. Er gehörte dabei und damit vielleicht zu den Ersten, aber bis heute wahrlich nicht den Letzten, die so schwankten.

In einem Punkt irrte er. Er setzte die aus dem überwiegend arabischen Nordafrika stammenden, in Frankreich lebenden Arbeiter mit den in Deutschland damals weitgehend nur als »Gastarbeiter« wahrgenommenen und so bezeichneten Türken gleich. Diese waren 1972 in der Regel nach wie vor Pass-Türken, jene Pass-Franzosen.

Ob mit oder ohne Neu-Pass, hier ist die Genesis des westeuropäischen Denkens sowie Sprechens über diese Mischung aus Demografie, Ideologie, Ethnizität, Geografie, Strategie und Zivilisationskampf erkennbar, die seitdem die Debatte prägt. Brandt thematisierte damit bereits die demografische Revolution Westeuropas, die seit der Unabhängigkeit der Ex-Kolonien und durch den enorm gestiegenen Arbeitskräftebedarf der Industrie auch damals schon im Gange war. Diese gesellschaftliche Revolution erlebt und erleidet Westeuropa noch heute und wohl auf absehbare Zeit. Sie schüttelt nicht zuletzt die herkömmlichen Normen der traditionellen Gesellschaften durch, was den Anti-Terror-Kampf nicht unbedingt erleichtert. Wie seinerzeit Botschafter Steltzer davor warnte, »die« Araber mit dem »dem« Terror gleichzusetzen, ermahnen heute seine geistig-emotionalen »Nachfahren«, muslimische Terroristen nicht mit »den« Muslimen gleichzusetzen. Dieses wie jenes zu verlangen, ist tatsächlich alternativlos, doch so oder so gerät man unter Generalverdacht: Entweder als Apologet des Terrors oder als sicherheitspolitischer Schwächling, der willentlich wehrlos »die zweite Wange« hinhalte und auf diese Weise Terroristen ermutige, neue Anschläge zu verüben und die Terrorisierten zu erpressen.

Ob gut oder nicht: Israels Politik war 1972 so klar wie heute. Kein Nachgeben gegenüber dem Terrorismus. Die Grundannahme dieser Politik lautet: Anti-Terror-Aktionen, präventiv oder reaktiv, verhindern keinen neuen Terror, verringern ihn aber und schrecken ab. Das ist hier nicht der Ort, um diese Frage zu diskutieren. Festzustellen bleibt: Deutschland und Israel unterschieden und unterscheiden sich fundamental in ihrer Anti-Terror-Strategie, ja, im sicherheitspolitischen Denken schlechthin.

Es fällt in den israelischen Dokumenten immer wieder auf, wie sehr besonders Ministerpräsidentin Golda Meir darauf bedacht war, trotz allem und nach allem ihrem Mit-Sozialdemokraten »Willy« – zumal wenige Wochen vor seiner Schicksalswahl – keine Steine in den Weg zum Wahlerfolg zu legen. Unumwunden teilte sie das Bonns Botschafter Jesco von Puttkamer mit, einem Mann, der 1943 in Stalingrad als Wehrmachtssoldat in sowjetische Gefangenschaft geraten war, sich dann dem Nationalkomitee Freies Deutschland, einem willigen Werkzeug Stalins, und 1957 der SPD angeschlossen hatte. Ein

Jahr später wurde er belohnt und wurde zum Chefredakteur der Parteizeitung ›Vorwärts‹ ernannt. Für »Golda« wog die Solidarität von Sozialdemokraten offensichtlich schwer. Auf sie konnte sich »Willy« selbst nach München und trotz Ostpolitik verlassen. Originalton Golda: »Versichern Sie Ihrem Kanzler bitte, dass ich nichts unternehmen werde, was das Leben erschwert.«[27] Natürlich meinte Golda Meir damit das politische Leben des Friedenskanzlers. Sie selbst bestimmte, wie alle Politiker kriegführender Staaten, was die eigenen Soldaten und deren Feinde anging, sehr wohl über Leben und Tod anderer Menschen.

Spätestens acht Tage nach dem Olympia-Massaker war Willy Brandt, dem Mann mit dem untrüglichen »politischen Riecher« und dem absoluten politischen Gehör, bewusst, dass die bundesdeutsche Olympia-Geschichte des Jahres 1972 noch nicht ihr Ende gefunden hatte. Dieser Kanzler hörte das Terror-Gras wachsen. Dem Israel-Botschafter beschrieb er am 13. September 1972 unumwunden sein Dilemma: Für die Bundesregierung bestünde das Problem darin, dass während des Prozesses gegen die drei in München verhafteten Terroristen aufgrund von einschlägigen Hinweisen weitere Maßnahmen der Terrorgruppe zu erwarten seien.[28]

Vielleicht hatte er dafür ja auch noch eine andere Quelle. Mossad-Chef Samir hatte das Gras jedenfalls noch früher wachsen hören. Was nun?, fragte der Israeli seinen deutschen BND-Kollegen Gerhard Wessel unmittelbar nach dem Desaster von Fürstenfeldbruck. Zur Befreiung der drei überlebenden, nun in München einsitzenden Terroristen könnten ihre Gesinnungsfreunde beispielsweise eine Lufthansamaschine entführen und auf diese Weise die Bundesregierung erpressen. Ja, er könne nicht versprechen, dass dies nicht geschähe, antwortete der Deutsche.[29] Genau ein solches Horrorszenario skizzierte Golda Meir am 11. September 1972 ihren Kabinettskollegen gegenüber. Sie wolle »nicht ausschließen«, dass »die Deutschen« dann die Terroristen freilassen würden. Nicht nur das. Sie sei sicher, sie würden freigelassen.[30] Genau das geschah am 29. Oktober 1972. Davon sei im nächsten Kapitel die Rede.

Nachgeben, freilassen, belohnen, ermutigen: Anti-Terror-Strategie?[1]

Oktober 1972: Im kalten deutschen Herbst tobt der heiße Wahlkampf. Wird der Vater der Neuen Ostpolitik, »Friedenskanzler« Willy Brandt, politisch überleben oder nach dem blamablen Krisenmanagement beim Münchener Olympia-Massaker über die Nahostpolitik straucheln?

Ortswechsel, 29. Oktober 1972, 21.00 Uhr. In der libyschen Hauptstadt Tripolis herrscht tiefe Nacht, als die entführte Lufthansamaschine LH 615 endlich landet. Wie Helden lassen sich die fünf Männer feiern, die ihr entsteigen. Es sind zwei palästinensische Entführer und jene drei Männer, die sie erfolgreich aus deutscher Haft freigepresst haben: Terroristen, die nur sechs Wochen zuvor das Attentat verübt haben, bei dem elf israelische Sportler grausam ermordet wurden. Die drei Männer sind die drei überlebenden Olympia-Attentäter von München, die an diesem Sonntag, dem 29. Oktober 1972, freikommen. Der bundesdeutschen Regierung scheint die Freipressung gelegen zu kommen – schneller und einfacher konnte man sich der mörderischen Terroristen nicht entledigen.

Beirut/Libanon, 14 Stunden zuvor: Frühmorgens um 7.01 Uhr startet die Lufthansamaschine mit dem Namen »Kiel« in Richtung Ankara. Flug LH 615 ist auffällig leer: Nur 13 Passagiere sind an Bord – dabei hat das Flugzeug über 200 Plätze. Keine Kinder oder Frauen, nur Männer. Zufall oder geplant? Als sich die »Kiel« noch im Steigflug befindet, stürmt ein Mann ins Cockpit.

Der damals 28-jährige Co-Pilot Gerd Maier wird diesen Augenblick nie vergessen: »So ungefähr 10–15 Minuten nach dem Start klapperte etwas hinter mir – das Gurtschloss. Ich dreh mich um und schau in eine Pistole. Da steht der Entführer. In der einen Hand die Pistole, in der anderen Hand eine entsicherte Handgranate. Uns hat er nur gesagt, er ist jetzt der Kapitän des Fluges, der heißt jetzt

›Operation München‹ und wir sollen alles so machen wie er es sagt.«[2]

Der Terrorist bedroht den Piloten Walter Claussen und den Co-Piloten Gerd Maier. Er übernimmt das Kommando über Flug LH 615. Ein zweiter Entführer im Passagierraum hält die übrigen fünf Crewmitglieder und elf Passagiere in Schach. Beide Flugzeugentführer sind schwer bewaffnet. Sie sind palästinensische Extremisten und schnell wird klar, was sie wollen: Die deutschen Behörden sollen drei ihrer Gesinnungsgenossen freilassen, die überlebenden Olympia-Attentäter, die in bayerischen Gefängnissen in Untersuchungshaft sitzen. Anderenfalls, so drohen die Entführer, werden sie die Lufthansa-Maschine in die Luft sprengen.

Co-Pilot Gerd Maier war zum damaligen Zeitpunkt erst seit wenigen Wochen bei der Lufthansa. Ein Job, von dem er geträumt hatte, die Flugverbindung Türkei – Libanon war eine seiner ersten Langstrecken. Er und die Crew hatten am Tag zuvor frei, waren sogar noch gemeinsam tanzen, erinnert er sich heute. Der Libanon war damals ein exklusives Reiseziel – auch für deutsche Touristen: Traumstrände, Nachtlokale.

Doch der schöne Schein trügt. Anfang der 1970er war die Zeit der Flugzeugentführungen. Erst im Februar 1972 war eine Lufthansamaschine entführt worden, für deren Freigabe Deutschland mehrere Millionen Dollar gezahlt hatte. Die Sicherheitsvorkehrungen im Flugverkehr waren daher hoch, vor allem die deutsche Lufthansa war nervös.

Als Gerd Maier am Morgen des 29. Oktober 1972 in Beirut den Einsteigevorgang vom Cockpit aus beobachtete, sah er, dass alle Passagiere und ihre Gepäckstücke genau durchsucht wurden. Und doch stand kurze Zeit später ein bewaffneter Extremist in seinem Cockpit.

Woher hatten die Entführer Waffen? Passagiere und Crewmitglieder gaben später zu Protokoll, dass ihnen die beiden Entführer gleich aufgefallen seien, da ihre Kleidung nicht zu ihren teuren Plätzen in der ersten Klasse passte.[3] Kurz nach dem Start holten sie eine Sporttasche hervor, die unter einem Sitz in der ersten Klasse versteckt war. Der gefährliche Inhalt: Pistolen, Handgranaten und auch Sprengsätze, die die Terroristen mit Klebestreifen an der Flugzeugwand befestigten. Die Waffen müssen schon vorher im Flugzeug gewesen sein, versteckt von Helfern, die Zugang zu dem Flugzeug hatten. Co-Pilot Gerd Maier: »Ich habe die beiden späteren Entführer beobachtet, als sie aus dem Terminal gekommen und eingestiegen sind. Die beiden haben die Tasche sicherlich nicht mit dem Inhalt ins Flugzeug reingetragen, da alle Passagiere kontrolliert wurden.«[4]

Bonn, 29. Oktober 1972, Bundesministerium des Inneren, 8.10 Uhr. Die Sicherheitszentrale der deutschen Lufthansa meldet die Entführung einer Lufthansamaschine mit dreizehn Passagieren und sieben Besatzungsmitgliedern. Die Boeing 727 hat ihren ursprünglichen Kurs Richtung Ankara inzwischen verlassen und fliegt Richtung München. Dort wollen die Entführer die inhaftierten Olympia-Attentäter an Bord nehmen. Ein Krisenstab wird einberufen, Codename »Schwalbe«.[5] Die Leitung hat neben Kanzler Willy Brandt Innenminister Hans-Dietrich Genscher, der nur wenige Wochen zuvor schon einen anderen Krisenstab leiteten musste: Während der Olympischen Spiele in München, als am 5. September 1972 das Terrorkommando des »Schwarzen September« die Unterkunft der israelischen Olympia-Mannschaft überfiel. Die stundenlangen Verhandlungen Genschers (sowie seines bayerischen Amtskollegen Innenminister Bruno Merk) mit dem Anführer des Terrorkommandos endeten in einem Fiasko.

Jetzt, keine zwei Monate später, droht ein neuerliches Debakel: Wieder drohen Terroristen damit, Unschuldige zu töten, wenn ihre Forderungen nicht erfüllt werden. Ausgerechnet in der heißen Phase des Wahlkampfes. Keine drei Wochen später, am 19. November 1972, sollten die Bundestagswahlen stattfinden. SPD-Pressemeldungen erwähnten dieses Thema mit keinem Wort.[6]

Die Situation konnte die deutsche Regierung nicht unvorbereitet treffen und dürfte ihr auch nicht ganz ungelegen gekommen sein. Die Inhaftierung der Terroristen stellte seit Wochen ein immenses Sicherheitsrisiko für Deutschland dar: Schon wenige Tage nach dem Olympia-Attentat gab es Drohungen palästinensischer Terroristen, in Deutschland Vergeltungsanschläge zu verüben, aber auch, die Olympia-Attentäter freizupressen. In einem anonymen Schreiben vom 19. September 1972, das vermutlich aus terroristischen Kreisen stammte, wurde ausdrücklich auf die Möglichkeit einer Flugzeugentführung hingewiesen.[7] Regierungssprecher Conrad Ahlers reagierte gelassen: »Die Bundesregierung hat alle nötigen Sicherheitsvorkehrungen getroffen.«[8]

Wie ernst man die Bedrohung weiterer Anschläge palästinensischer Terroristen nahm, zeigt ein vertrauliches Schreiben des Staatssekretärs im Auswärtigen Amt, Dr. Paul Frank, das im Kanzleramt archiviert wurde. Darin schrieb er am 11. September 1972 an den deutschen Botschafter in Tunis:

»… Die Bundesregierung sei nach wie vor entschlossen, den Prozess der Normalisierung ihrer Verhältnisse zu den arabischen Staaten fortzusetzen. Lediglich neue Terrorakte seitens der Palästinenser könnten eine vernünftige Entwicklung dieser Verhältnisse erneut in Gefahr bringen. Es gehe jetzt darum, solche Terrorunternehmen zu vermeiden. Falls der Staatspräsident Bourguiba hierzu konkrete Möglichkeiten der Einflussnahme auf die palästinensischen Terrorgruppe sehe, sei der Herr Bundeskanzler bereit, den Staatssekretär des Auswärtigen Amtes zu einem Gespräch mit Präsident Bourguiba nach Tunis zu entsenden.«[9]

Erinnern wir uns daran, dass Mossad-Chef Samir seinen deutschen Kollegen schon am Tag nach dem Olympia-Massaker auf die Möglichkeit eines solchen Szenarios aufmerksam gemacht hatte. Die Zeichen standen an der Wand. Das war auch den bundesdeutschen Verantwortlichen klar.

Bereits wenige Tage nach dem Olympia-Attentat suchte die deutsche Politik auf allen Ebenen nach Partnern, um weitere Anschläge palästinischer Terrorgruppen in Deutschland zu vermeiden. Die Bundesregierung wollte die arabische Welt in keinem Falle weiter verstimmen. Die drei gefangen genommenen Attentäter stellten dabei das größte außenpolitische Hindernis dar. Nur so ist es auch zu erklären, warum das Kanzleramt den Besuch sowohl von Omar Bentomi[10] als Präsident der algerischen Rechtsanwaltskammer als auch von einem arabischen Arzt bei den drei Gefangenen befürwortete. In einer geheimen Depesche der deutschen Botschaft in Amman heißt es, »… man befürchte dass der ›Schwarze September‹ Deutsche entführen werde, um sie gegen Münchner Inhaftierte auszutauschen«. Deshalb sei es im Interesse der BRD gewesen, dass »ein neutraler Arzt die Genehmigung erhielte, um sich von der Behandlung der Häftlinge ein Bild zu machen. Nach seiner Rückkehr würde der besuchende Arzt dann dafür sorgen, dass entsprechende Organisationen über die wirkliche Behandlung unterrichtet werden«.[11]

Konkret wurde ein syrischer Arzt als Teil einer Ärztekommission des Roten Kreuzes ins Auge gefasst.[12] Schließlich lehnt das Bayerische Justizministerium den Plan aber ab. Die Begründung: Der Besuch des Anwaltes Omar Bentomi sei ausreichend. In der damals veröffentlichten Presserklärung der Justizpressestelle beim Oberlandesgericht München heißt es ausdrücklich:

»Rechtsanwalt Bentomi hatte Gelegenheit, sich mit den Gefangenen eingehend zu unterhalten. Die Gefangenen erklärten ihm auf ausdrückliche Befragung übereinstimmend, dass sie in der Untersuchungshaft korrekt behandelt und ärztlich gut versorgt würden, ... (und) dass alle Behauptungen, die Gefangenen würden ›gefoltert und es würden auf sie die schlimmsten Formen von Druck, Terror und Psycho-Folter‹ ausgeübt, frei erfunden sind.«[13]

Eine Presserklärung, die vor allem auf die Journalisten der arabischen Medien abzielte, durch deren Berichterstattung man sich eine positive Beeinflussung der öffentlichen Meinung in den arabischen Staaten erhoffte. Die Bundesregierung wollte so den Eindruck vermeiden, dass man sich nur für die Interessen israelischer Vertreter starkmachte.

Ein weiterer Mitspieler nahm sehr schnell nach dem Olympia-Attentat Kontakt mit dem Auswärtigen Amt und dem Wirtschaftsministerium auf: Dr. Walter Cipa, einflussreicher deutscher Industriemanager. Schon am 16. Oktober 1972 erinnerte der Vorstandsvorsitzende der mächtigen Gelsenkirchener Bergwerks AG (Später: Gelsenberg AG) in einem Fernschreiben mit Nachdruck daran, dass die Versorgung der Bundesrepublik Deutschland zu 25 Prozent mit Erdölimporten aus Libyen erfolge.[14] Als Vertreter der Deutschen Mineralölwirtschaft führte er im Schreiben an Außenminister Walter Scheel sowie an Finanz- und Wirtschaftsminister Helmut Schmidt weiter aus:

»Ich wäre Ihnen dankbar, wenn bei den anstehenden Entscheidungen im Rahmen des Möglichen die Interessen der Mineralölwirtschaft und insbesondere die Interessen meiner Gesellschaft in den arabischen Ländern im Hinblick auf eine ungestörte Versorgung berücksichtigt werden könnten.«[15]

Nur wenige Tage später, am 21. Oktober 1972, traf sich der deutsche Botschafter in Libyen zu einer fast einstündigen Unterredung mit dem Premierminister Abdul Salam Jalloud und dem Direktor des libyschen Außenamtes. Botschafter Werner zeigte sich nach dem Treffen besorgt und meldete nach Bonn, dass Maßnahmen »gegen unsere Wirtschaftsinteressen geplant sein könnten«. Es sei sogar die Rede gewesen von einem »Wirtschaftsboykott gegen die Bundesrepublik«.[16] Botschafter Werner riet deshalb, dass eine »offizielle Verlautbarung eine gewisse Beruhigung und Entlastung der Lage bringen könnte«, um den »Scharfmachern in bestimmten libysch-ägyptischen Kreisen den Wind aus den Segeln zu nehmen«.[17]

Beunruhigt durch die aufgeheizte Stimmung ordnete der deutsche Innenminister für alle Mitglieder der Bundesregierung am 8. September 1972 zum persönlichen Schutz »besondere Sicherheitsmaßnahmen« an, um auszuschließen, dass »arabische Terroristen (…) Politiker als Geiseln in ihre Gewalt bringen, um die Freilassung der bei dem Anschlag am 5.9.1972 in München festgenommenen drei arabischen Terroristen zu erpressen.«[18] Die Maßnahmen zur Verhinderung weiterer Anschläge konzentrierten sich in diesen Wochen nach dem Attentat jedoch weitgehend auf innenpolitische Maßnahmen, ohne einer näherliegenden, erwartbaren Flugzeugentführung im Ausland intensivere Beachtung zu schenken.[19]

Als die schlimmsten Befürchtungen am 29. Oktober 1972 Realität wurden, zeigte sich die deutsche Regierung überraschend kooperativ und ging ohne Rücksprache mit Israel rasch auf die Forderungen der Entführer des Fluges LH 615 ein. Dabei hatte nur zwei Wochen zuvor Israels Premierministerin Golda Meir die lückenlose Aufklärung des Anschlages im Olympischen Dorf gefordert. Die drei Überlebenden sollten nach dem Willen Israels unbedingt zur Rechenschaft gezogen werden.[20]

An diesem Sonntagmorgen im späten Oktober war die deutsche

Regierung bereit, Israels Interessen außen vor zu lassen und, anders als während der Olympiade, gegenüber dem Terror kampflos zu kapitulieren. Frieden durch Kapitulation. Terror-Gratifikation. Ruhe an der Wahlkampffront – auf Kosten der rücksichtsvollen israelischen Ministerpräsidentin. Weshalb rücksichtsvoll? Weil sie, anders als die öffentliche und veröffentlichte Meinung ihres Landes, auch öffentlich die Brandt-Regierung nach dem Olympia-Massaker eher schonend behandelte. Nichtöffentlich, hinter den Kulissen, hatte sie Bonns Botschafter von Puttkamer (SPD-Urgestein) im Zusammenhang mit den bevorstehenden Bundestagswahlen dies versprochen: »Versichern Sie Ihrem Kanzler bitte, dass ich nichts unternehmen werden, was das Leben erschwert.«[21] Wir erinnern uns.

Der Botschafterbericht dürfte das (vorzügliche) Amerikanisch Frau Meirs falsch ins Deutsche übertragen haben. Gemeint hatte sie bestimmt »sein« Leben und nicht »das« Leben. Im Originalton wird sie wohl gesagt haben »would make life difficult«, was sich im Englischen/Amerikanischen nur auf den Kanzler bezog. Wie auch immer. Golda Meir dachte, sprach und handelte als sozialdemokratische Genossin, die, trotz ihrer berechtigten Brandt-Kritik, solidarisch blieb. Brandt hat es ihr nicht vergolten, doch auch seine sicherheitspolitisch großsprecherischen bayerischen Gegner von der CSU wollten das Olympia-Terror-Kapitel zügig ad acta legen und klein beigeben, denn sie hatten vor, während und nach dem langen Münchener Terrortag im September keinen Anti-Terror-Lorbeer gewonnen. Innenpolitisch, wahlpolitisch, hatten sie dieses Thema verspielt. Ein Kontrastprogramm zur Brandt-Regierung boten ihre Aktionen nicht.

Flughafen München/Riem, 10.10 Uhr. Nach Bekanntwerden der Flugzeugentführung trifft der Vize-Präsident der bayerischen Polizei Georg Wolf am Flughafen zur ersten Lagebesprechung ein. Um 10.30 Uhr ergeht ein merkwürdiger Befehl: Ein Beamter soll »… die bei der Dienststelle aufbewahrten Ausreiseverfügungen für die drei Terroristen (…) mit bereitgestellter Bekleidung nach Riem bringen«.[22]

Wieso waren für die inhaftierten Terroristen Ausreiseverfügungen vorbereitet? Die drei Männer befanden sich in bayerischer Untersuchungshaft, die Vernehmungen liefen noch. Besondere Brisanz birgt auch der Umstand, dass sogar Reisekleidung für die Untersuchungshäftlinge vorbereitet worden war. Anscheinend spielten die bayerischen Behörden schon vor der Freipressung Szenarien durch, wie man sich der Terroristen entledigen könnte.

Der Münchner Polizeipräsident Manfred Schreiber – eine der Schlüsselfiguren der missglückten Geiselbefreiung während des Olympia-Attentats – verfasste elf Tage vor der Flugzeugentführung ein Schreiben an das Bayerische Innenministerium mit dem Betreff: »Die eventuelle Abschiebung der drei festgenommenen Araber und die Voraussetzung ihrer Freilassung«:

»Um die mit der Abschiebung verbunden Formalitäten (…) beschleunigen zu können, hat das Amt für öffentliche Ordnung bereits Ausweisungsverfügungen erlassen, die bei der Kriminalpolizei verwahrt werden.«[23]

Abschiebung? Ausweisungsverfügungen? Ahnten die Behörden, dass die Attentäter bald freikommen würden? Offiziell sollten die drei Männer in Deutschland vor Gericht kommen – ein Prozess hätte Jahre dauern können.

Am Tag der Flugzeugentführung lief – dank jener guten Vorbereitung – in Bayern alles wie geschmiert. Schon kurz nach Mittag standen alle drei überlebenden Olympia-Attentäter gemäß der Forderung der Entführer am Flughafen bereit, obwohl sie in verschiedenen Gefängnissen in ganz Bayern einsaßen: In Stadelheim, Kaisheim und Landsberg am Lech, von wo sie teilweise per Helikopter eingeflogen wurden. Am Flughafen erhielten alle drei ihre fertigen »Reisepakete« mit der vorbereiteten Kleidung und der Ausreiseverfügung. Diese wurde den Terroristen sogar gegen eine »Empfangsbestätigung« ausgehändigt – damit waren sie offiziell ausreisebereit.

Jerusalem: Außenminister Abba Eban und Minister Israel Galili, die keineswegs nur Graue und fast allmächtige Eminzenz in Golda Meirs Kabinett, beraten und verfassen handschriftlich ein Papier, das kurz danach der gesamten Ministerrunde vorgelegt wurde: Keinesfalls solle Bonn nachgeben.[24] Es überrascht nicht, dass diese Haltung den ganzen Tag über der Bundesregierung mehrfach und entschieden mitgeteilt wurde. Überbringer der Botschaften war, was Wunder,

Israels Botschafter Ben-Horin.[25] Mit Bundesaußenminister Scheel sprach er direkt, zu einem Gespräch mit Kanzler Brandt kam es trotz seiner Bitten nicht.

Flughafen München/Riem, 13.00 Uhr. Mit der entführen Maschine gibt es Probleme, die Landung in München verzögert sich wegen des Wetters. Crew und Passagiere befinden sich bereits seit 7 Stunden in der Gewalt der Entführer, nur mit Mühe gelingt es Flugkapitän Walter Claussen, eine Panik an Bord zu verhindern. Bis kurz vor der Landung in München. Co-Pilot Gerd Maier: »Der Plan war, dass wir erst in München landen, wenn die [Olympia-Attentäter] bereitstehen, sie in Empfang nehmen und wieder wegfliegen. Doch dann hat sich rausgestellt, dass die Wettersituation in München so schlecht war, dass wir mit der Maschine nicht landen konnten.«[26]

Auch Nürnberg, Salzburg oder Stuttgart liegen an diesem Tag unter Nebel. Die 727 – damals noch ohne Autopilot – kann nicht landen und dreht schließlich ab.

Co-Pilot Gerd Maier: »Uns ist allen ein Stein vom Herzen gefallen, dass wir nicht dort landen mussten. Wir hatten eine unheimliche Angst vor München, nach dem, was in Fürstenfeldbruck geschehen war. Das war unsere größte Angst und die war auch bei den Entführern spürbar. Sie wurden immer nervöser, je näher wir an München dran waren.«[27]

Die neue Forderung der Entführer: Die freigepressten Terroristen sollen nach Zagreb geflogen werden und dort an Bord der entführten Maschine gehen.

Bonn, Bundesministerium des Inneren, 13.05 Uhr. Beginn der Sitzung des Krisenstabes unter der Leitung von Hans-Dietrich Genscher. Die deutschen Entscheidungsträger versammeln sich im Bundesinnenministerium und erfahren den aktuellen Stand der Dinge.[28] Auch Bundeskanzler Willy Brandt. Er hatte wenige Wochen zuvor der israelischen Ministerpräsidentin Golda Meir, die vehement eine gerechte Bestrafung der überlebenden Olympia-Attentäter forderte, in einem Brief versichert, dass Deutschland aus dem Attentat während der olympischen Spiele gelernt habe:

»Wir haben inzwischen erste Konsequenzen aus jenen Vorgängen gezogen. Wir haben konkrete Maßnahmen ergriffen und weitere auf internationaler Ebene vorgeschlagen, um den Terrorismus wirksamer als bisher begegnen zu können.«[29] Die GSG 9 war beschlossen.

Welche Maßnahmen genau Deutschland ergriffen und vorgeschlagen hat, ließ Brandt offen. Am 29. Oktober 1972 kann die deutsche Regierung jedenfalls auf keine besonderen Maßnahmen verweisen. Vielmehr tritt Kanzler Brandt erstaunlich wenig in Erscheinung, er bleibt nur für kurze Zeit beim tagenden Krisenstab, anstatt die Entführung zur »Chefsache« zu machen,[30] fällt aber die wichtige Entscheidung – er spricht sich nicht gegen die Freilassung der Gefangenen aus. Als die bayerische Staatsregierung dem Bonner Krisenstab meldet, dass sie »eine risikolose Überwältigung der Entführer für nicht möglich hält und deshalb bereit ist, die drei Inhaftierten freizulassen«, rät der Kanzler »von dieser Haltung nicht ab«.[31] Eigene Vorschläge bringt er nicht ein. Ähnlich passiv bleibt er auch, als der israelische Botschafter im Bundesinnenministerium eintrifft und dringend den Wunsch Israels vorbringt, dass »unter keinen Umständen die Münchner Inhaftierten freigegeben werden«.[32]

Bundesinnenminister Genscher spricht sich »für die Fortführung der Angelegenheit in Zagreb aus, weil die Erpressungsmöglichkeiten von dort aus geringer seien, als in München«.[33] Tatsächlich aber ist über Zagreb die Kommunikation zwischen allen Beteiligten deutlich erschwert.

Die Entführer lassen die Maschine stundenlang über Zagreb kreisen und wollen erst landen, wenn die drei Olympia-Attentäter auf dem Rollfeld bereitstehen. Pilot Claussen meldet, dass der Treibstoff bereits knapp ist.[34]

Mit der Erlaubnis des Bonner Krisenstabes startet in München eine zweite Maschine, Typ Condor, mit den drei freigepressten Olympia-Attentätern. Neben der Crew mit an Bord: Lufthansa-Chef Herbert Culmann, aber kein hoher Beamter, kein politscher Entscheidungsträger.

Die absurde Anweisung an die Condor: Sie sollte in Richtung Zagreb fliegen, aber den deutschen Luftraum vorerst nicht verlassen. Die deutsche Regierung wollte erst das Zugeständnis der jugoslawischen Regierung, sich dafür einzusetzen, dass die Passagiere der entführten Maschine freigelassen und erst dann im Gegenzug die Olympia-Attentäter übergeben werden. Doch die Kommunikation zwischen Bonn, München und Zagreb lief äußerst schleppend. Lufthansa-Chef Culmann hatte direkten Kontakt zur entführten Maschine. Deren Pilot Claussen berichtete, dass der Tank fast leer sei und die Entführer die Nerven verlieren würden. Culmann fürchtete, dass die Entführer ernst machen könnten mit ihrer Androhung, das Flugzeug zu sprengen oder auf eine Stadt stürzen zu lassen.

Der Lufthansa-Chef erteilte angeblich eigenmächtig die aus seiner Sicht einzig mögliche Anweisung: nach Zagreb fliegen und dort landen. Und auch die Erlaubnis, die drei Gefangenen dort aus der Condor steigen zu lassen, damit sie wie gefordert alleine auf der Landebahn warten, kam alleine von Culmann. So stellte es jedenfalls später die Bundesregierung dar.[35]

Zagreb/Jugoslawien, 16.57 Uhr. Erst als die drei Olympia-Attentäter unbewacht auf dem Rollfeld in Zagreb stehen, erlauben die Entführer den Piloten Claussen und Maier zu landen. Es ist eine Landung in allerletzter Minute, denn das Benzin der entführten Lufthansamaschine ist komplett aufgebraucht, erinnert sich Co-Pilot Maier. Doch die Entführer denken gar nicht daran, im Gegenzug für die Attentäter ihre Geiseln freizulassen: »Wir standen auf der Landebahn und dann stiegen die drei Attentäter ein. Das Flugzeug wurde wieder verrammelt. Niemand dachte daran, Passagiere freizulassen. Im Gegenteil: Jetzt ging es darum, dass wir Sprit brauchten, um weiterzufliegen. Aber der Tankwagen in Zagreb durfte den Schlauch nicht anschließen, bis die deutsche Regierung die Erlaubnis gab.«

Die Entführer drohen, das Flugzeug in die Luft zu sprengen, wenn es nicht innerhalb einer Stunde aufgetankt wird. Die Verhandlungen in Zagreb soll der dortige Botschafter führen. Doch da die Attentäter bereits an Bord sind, gibt es nicht mehr viel zu verhandeln. Die entführte Maschine startet mit der Genehmigung des deutschen Botschafters um 18.50 Uhr – Ziel unbekannt.

Der Alleingang des Lufthansa-Chefs habe jeden Verhandlungsspielraum genommen – so die Rechtfertigung der deutschen Regierung. Tatsächlich aber scheint der Verlauf der Ereignisse so oder ähnlich geplant gewesen zu sein. Der bayerische Innenminister Bruno

Merk hatte dem Polizeibeamten, der mit Culmann in der Condor saß, die Anweisung gegeben, dass die Freigepressten auch dann übergeben werden sollten, wenn die Entführer einen Austausch ihrer Gefangenen verweigerten: »… die drei Untersuchungsgefangenen können übergeben werden, auch wenn die Geiseln nicht freigelassen werden.« [36]

Eine offizielle Anweisung, auf alle Forderungen der Entführer einzugehen – auch wenn es nach außen hin ganz anders aussehen sollte. Wieso war kein hochrangiger bundespolitischer Entscheidungsträger mit nach Zagreb geflogen? Der bayerische Innenminister, der Polizeipräsident und sein Stellvertreter, alle waren am Flughafen Riem anwesend. Auch aus Bonn hätte ein Verantwortlicher nach Zagreb fliegen können – es wäre genug Zeit gewesen. Stattdessen überließ der Bonner Krisenstab weitestgehend dem CSU-geführten bayerischen Freistaat das Zepter des Handelns – und damit die Verantwortung. Für den Wahlkampf ein förmlich genialer Schachzug, denn nun war es die CSU, der die Freipressung angekreidet werden musste, während die SPD auf Bundesebene erleichtert aufatmen konnte, da mit der Haftentlassung der drei Attentäter, so der Wunschgedanke, das Anschlagsrisiko in Deutschland vehement sank. Hatte nicht die Union, allen voran die CSU, Willy Brandt und seiner sozialliberalen Koalition seit Herbst 1969 vorgeworfen, viel zu weich und nachgiebig in der Ostpolitik zu sein? Diese Nahostpolitik, die sichtbare Willfährigkeit auch der CSU gegenüber dem Terror, entsprach »des Kaisers neuen Kleidern«. Mitten im Wahlkampf stand nun die vermeintlich granitharte CSU schwach, blamiert und politisch-symbolisch nackt im Raum. Unfreiwillig rechtfertigte sie Brandts Politik des Friedens durch Nachgiebigkeit und entpuppte sich als nur verbaler Kraftmeier, als brüllender Papiertiger. »Bellende Hunde beißen nicht.« Politisch gebissen war die Union.

Tripolis/Libyen, 21.05 Uhr. Die entführte Lufthansamaschine erreicht unbehelligt ihre letzte Station: den Flughafen von Tripolis. Co-Pilot Gerd Maier ist erstaunt: Auf die Maschine wartet ein regelrechtes Empfangskomitee. »Da war dann schon tiefe Nacht, wir sind dann aufs Vorfeld gerollt und die Attentäter wurden mit einem Mercedes abgeholt, das muss alles vorbereitet sein. Es wusste keiner, dass wir nach Tripolis fliegen, wir durften die Information nicht weitergeben, als wir noch unterwegs waren.«

Palästinensische Hintermänner hatten in Tripolis sogar eine nächtliche Pressekonferenz organisiert. Kamerateams standen bereit. Der letzte öffentliche Auftritt der drei Olympia-Attentäter, bevor sie im Untergrund verschwanden. Botschafter Werner empfing die Crew und die Passagiere.

Die öffentliche Empörung war groß, als bekannt wurde, dass Deutschland die Terroristen freigegeben hatte. Vor allem in Israel war der Schock immens.

Jerusalem, 30. Oktober, punkt 12 Uhr mittags. Bonns Botschafter von Puttkamer war zu Abba Eban ins Außenministerium »gebeten worden«. Es folgte eine Standpauke. Die israelische »Regierung versteht die Haltung der deutschen Regierung nicht und bittet um Aufklärung über einen offensichtlichen Gesinnungswechsel. Noch vorgestern habe man geglaubt, auf Grund (sic) des deutschen Verhaltens in Fürstenfeldbruck und danach mit der deutschen Haltung konform gehen zu können. Die ›Kapitulation‹ tags zuvor sei mit der bisherigen deutschen Einstellung nicht zu vereinbaren. »Die deutsche Regierung muss sich bewusst sein, dass sie Mörder von Israelis auf freien Fuß gesetzt hat, die nun neue Morde an Israelis begehen werden … Israel ist geschockt … Es hätte statt der ›speedy capitulation‹ andere Alternativen gegeben.«[37]

Die Zusammenfassung desselben Gesprächs durch das israelische Außenministerium ist weitgehend ähnlich, enthält allerdings einige von Botschafter Puttkamer nicht weitergegebene Spitzen.

»Natürlich hat die Bundesrepublik nichts mit dem Nahostkonflikt zu tun«, zitiert der Deutsche den Israeli, der sich auf eine tags zuvor von Conrad Ahlers, dem Sprecher der Bundesregierung, abgegebene Erklärung bezog.[38] In der israelischen Fassung lesen sich Ahlers Worte so: »Deutschland sei nicht für den Nahostkonflikt verantwortlich und auch nicht Teil desselben.«[39] Auf Hebräisch klingt das provokativer. Folgende Ebban-Schelte leitete Bonns Mann gar nicht erst weiter: »Was hätte Deutschland gesagt, wenn Deutsche in Israel ermordet, die Täter gefasst und dann ohne jede Strafe wieder entlassen worden wären?«[40]

Der Deutsche blieb gelassen: »Ich bin sicher, dass es die israelische Regierung nicht auf eine ernsthafte bilaterale Krise ankommen lassen wird. Sie wird aber eine Weile vor einer hochbrandenden öffentlichen Meinung in Deckung gehen.«[41] Er sollte recht behalten und gab »zu erwägen, ob ein Brief des Bundeskanzlers an Golda Meir nicht angebracht wäre«.[42] Das sah man im Auswärtigen Amt anders. Ministerialdirektor Günther van Well teilte dem Botschafter am 2. November 1972 mit: »Nach Abwägung des Für und Wider sind wir der Auffassung, dass gegenwärtig hiervon Abstand genommen und zunächst das Ergebnis der Berichterstattung Botschafter Ben Ch[sic]orin abgewartet werden sollte.«[43]

Am 5. November war es so weit. Jerusalems Bonn-Emissär saß am Jerusalemer Kabinettstisch, berichtete und diskutierte mit Ministerpräsidentin Golda Meir und ihrer ministeriellen Männerrunde. Viel diskutiert wurde eigentlich nicht. Vielmehr wurden die Geister der Vergangenheit wachgerufen. Man, die Männer und Frau Meir, sinnierten über Kontinuität und Wandel vom Dritten Reich zur Bonner Republik.[44] Auf eine detaillierte Wiedergabe kann verzichtet werden. Sie wurde nicht zuletzt in den Medien sowie in der allgemeinöffentlichen Diskussion vorgetragen. Die Argumente von damals waren kaum anders als heute. Nachdem am Kabinettstisch Luft abgelassen worden war, kehrte der Pragmatismus der Regierungsverantwortlichen zurück.

Solle scharf oder milde(r) reagiert werden, sollten die Beziehungen zu Deutschland, »an denen Israel eindeutiges Interesse hat«, sozusagen angeknackst werden? Das war hier die Frage. Premierministerin »Golda«, einst Außenministerin unter Staatsgründer David Ben Gurion, ging voran. Der hatte über sie gesagt, sie sei der einzige Mann in seinem Kabinett. Sie machte am 5. November 1972 wieder einmal diesem Ausspruch des israelischen »Alten« alle Ehre und gab die Richtlinien à la »Mir nach!« vor. »Ich würde das, was jetzt passierte, nicht mit der Schoah in Verbindung bringen. Es wäre unmöglich, dies Brandt entgegenzuschleudern, und töricht, unseren eigenen Interessen zu schaden. Aber die Deutschen müssen wissen, dass wir nicht einfach zur Tagesordnung übergehen.«[45] In diesem Geiste und ohne NS-Polemik wurde die amtliche Erklärung der Regierung veröffentlicht.[46]

Nun aber reagierte Bundeskanzler Brandt doch und schrieb am 6. November an Frau Meir. Das Schreiben überreichte ihr Botschafter von Puttkamer am 8. November. Zunächst erklärte Brandt noch einmal, wie und weshalb Bonn so und nicht anders gehandelt und entschieden habe. Dann beschrieb er genau, wo ihn »der Schuh drückte«. (So der Titel seiner und zuvor Ernst Reuters Radioansprache an die Berliner als Regierender Bürgermeister.) »Sie werden verstehen, dass ich schmerzlich berührt bin von Äußerungen, die im Zusammenhang mit der Entführung der Lufthansamaschine von israelischer Seite gefallen sind. Mit allem Nachdruck muss ich widersprechen, wenn hierbei Parallelen zu einer verbrecherischen Periode deutscher Politik gezogen werden.«[47] Einigermaßen diffus, um nicht zu sagen, verquast, war des Kanzlers Sprache. »Von israelischer Seite«. Das war zugleich allgemein und somit, weil kollektiv, gleichzeitig provokativ und vorsichtig (oder ängstlich, scheu), weil er die direkte Konfrontation mit x oder y nicht wagte oder wollte. Aber der Ausdruck »verbrecherische Periode« für die NS-Zeit war nun doch eine verdruckste, des einstigen Widerstandskämpfers nicht sonderlich würdige Formulierung.

Bemerkenswert ist vor allem dies: Ein deutscher Bundeskanzler verbittet sich gegenüber dem Jüdischen Staat den Nazi-BRD-Vergleich. Das könnte man couragiert bzw. mutig nennen. Brandt wurde noch mutiger, ja, geradezu auf scheindefensive Weise aggressiv – was nicht in den veröffentlichten deutschen, wohl aber in den israelischen Dokumenten zu finden ist: »Ich meine, wir sollten uns in gemeinsamem Bemühen dafür einsetzen, dass die deutsch-israelischen Beziehungen keinen Schaden nehmen.«[48] Das war eine verkappte Drohung. Ihr Tenor: Wenn ihr nicht unverzüglich damit aufhört, werden wir gröber, und das wird für euch ungemütlich, weil schädlich. Diese gewollte und angewandte neubundesdeutsche Ungemütlichkeit gegenüber dem Jüdischen Staat kann, ja, muss man, wie wir seit der Strategiebesprechung vom 11. Februar 1970, also zu Beginn der Sozialliberalen Koalition, sahen, als eines ihrer Leitmotive bezeichnen. Zum Leidwesen Israels. Hatte Brandt oder hatte Golda Meir Terroristen, die Juden ermordet hatten, straffrei ziehen lassen? War es wirklich so überraschend, dass Holocaustüberlebende ans Dritte Reich dachten, wenn Juden ermordet wurden? Sollte ausgerechnet ein Mann, der Hitler & Co. widerstanden hatte, das nicht verstehen (wollen)? So oder so, in Jerusalem verstand man die tagespolitischen Notwendigkeiten. Verstand vor allem Frau Meir.

Botschafter Puttkamer berichtete am 8. November 1972 ebenso hochzufrieden wie hocherfreut über seine Begegnung mit ihr nach Bonn: »Die Unterredung verlief in einer außerordentlich freundlichen Atmosphäre, und, die Beurteilung vorwegnehmend, möchte ich sagen, dass ich den Eindruck hatte, die Erklärung wird wesentlich dazu beitragen, die Situation zu entspannen.« Und wie. Golda Meir teilte zu »hundert Prozent« den »Wunsch des Bundeskanzlers, dass diese Angelegenheit nicht zu einer Belastung der bilateralen Beziehungen werden darf«.[49]

Elf Tage vor der Bundestagswahl hatte Kanzler Brandt diesen Klotz vom Hals. Ende gut, alles gut. Golda gut, Brandt gut. Sonnenschein. Unter dieser sonnigen Oberfläche änderte sich nichts an der schlechten Stimmung gegenüber Deutschland. Sie schlug um in »Schmerz und Verbitterung«, als der ›Jewish Chronicle‹ die These aufbrachte, dass Deutschland im Vorfeld von der Entführung gewusst habe.[50] Ob das stimmte oder nicht, in Jerusalem war niemand überrascht. Eine solche Entführung lag nach der Inhaftierung der überlebenden Terroristen sozusagen in der Luft. Sie waren Israel nicht übergeben worden, weil man nicht konnte oder nicht wollte. Dass ihre Kampfgenossen die Terroristen durch eine Entführung oder Vergleichbares freipressen wollten und würden, entsprach bereits bekannten Verhaltensmustern. Um zu erkennen, dass eine solche Erpressung zu erwarten war, angesichts der stümperhaften und weichen Anti-Terror-Politik Bonns, musste man nicht Nachfahre der jüdischen Propheten oder Mossad-Chef sein. Der hatte genau dieses Szenarium seinen deutschen Gesprächspartnern unmittelbar nach dem Massaker vorhergesagt: Nun war es Wirklichkeit geworden.

Das eine oder andere Blatt verkaufte das Erwartete als Sensation. Tatsächlich überraschend, um nicht zu sagen: sensationell war aber die vermeintliche Kooperation Bonns mit den Drahtziehern des Terrors. Die britische ›Daily Mail‹ titelte Anfang November 1972 wiederholt mit der Vermutung, dass die Entführung geplant gewesen sei: Aus Angst vor weiteren Anschlägen in Deutschland habe die Bundesregierung einen »Deal« mit arabischen Terroristen gemacht. Die Olympia-Attentäter würden freigelassen, und dafür gebe es keine Vergeltungsanschläge in Deutschland. Einen ähnlichen Verdacht hatte der nationalreligiöse Minister Serach Wahrhaftig auf der Kabinettssitzung vom 5. November geäußert.[51] Für die Umsetzung, so das britische Blatt, sei der Flug LH 615 bewusst ausgewählt worden, da sich unter den Passagieren viele Araber befanden und so die Wahrscheinlichkeit eines friedlichen Ausgangs höher war.[52]

Wer könnte wirklich von der Entführung gewusst haben? Offenbar war neben der libyschen Regierung auch deutschen Stellen mehr bekannt, als sie bis heute öffentlich zugeben wollen. Akten der britischen ›National Archives‹ dokumentieren Hinweise in der Korrespondenz des britischen Außenministeriums mit der Botschaft in Tripolis. Dort ist ein Gespräch mit dem deutschen Botschafter in Libyen Günther Werner vom Oktober 1972 zu finden. Darin heißt es:

»The German ambassador had previously told us that Germans had information that the Fedayeen would ›do something on 30. October‹ (…)«[53]

Und weiter:

»[The informations came] … directly from a senior official of the Libyan Arab Airlines, that the Libyan government had been ›waiting for fifteen days for the Lufthansa hi-jacking‹.«[54]

War Botschafter Werner, der sich nur acht Tage zuvor mit dem libyschen Premierminister getroffen hatte, eingeweiht? Was ist dran an der Vermutung, dass Deutschland die Attentäter schnellstmöglich aus Deutschland herausschaffen wollte? Glaubte die Regierung, nur so weitere Terroranschläge verhindern zu können?

Ulrich Wegener war damals im engsten Stab des Innenministeriums und baute in den Folgejahren die GSG 9 auf. Er schließt nicht aus, dass man sich im Oktober 1972 mit Terroristen »arrangierte«: »Ich könnte es mir vorstellen, dass es passiert ist. Weil man sich eben nicht zu helfen wusste und weil man keine Strategie hatte, wie man mit dem Terrorismus fertig wird. Das hatte sich nachdem die GSG 9 so weit war, einsatzfähig war, sofort geändert.«[55]

Als nach der Freipressung der überlebenden Olympia-Attentäter Ende Oktober 1972 der öffentliche Druck wuchs, musste Willy Brandt handeln. Seine Mitarbeiter erstellten ein umfangreiches Dossier mit Maßnahmen zur Reaktion auf die Flugzeugentführung, das ihm am 2. November 1972 vorlag. Darin heißt es:

»Gegenüber Libyen besitzt die Bundesregierung kein wirksames Druckmittel; würde die libysche Regierung z. B. als Reaktion mit Beschlagnahme-Maßnahmen gegen unsere Ölgesellschaften drohen, müssten wir voraussichtlich nachgeben (…)«.[56] Als Argument, das der Bundeskanzler in der Öffentlichkeit verwenden könne, »bleibt nur das Verlangen nach Bestrafung der beiden Flugzeugentführer. (…) Mit der Wiederholung dieser Forderung tragen wir dem Bedürfnis nach Rechtsstaatlichkeit Rechnung, das unter den taktischen Argumenten zur Erklärung des Flugzeugzwischenfalles zu verschwinden droht.«[57]

Willy Brandt war sich der schlechten Verhandlungsbasis für eine solche Forderung bewusst. So verzichtete die Regierung schließlich auf ein Auslieferungsgesuch für die drei freigepressten Attentäter.

Erwähnt werden sollte in diesem Zusammenhang, dass im israelischen Kabinett bezüglich einer Vereinbarung mit den Terroristen weniger der Bundesregierung der Schwarze Peter zugeschoben wurde als der Lufthansa.[58]

Ganz gleich, ob die Freipressung der drei überlebenden Olympia-Attentäter inszeniert und abgesprochen war oder die Verantwortlichen im Bonner Kanzleramt von der Aktion völlig überrascht wurden und unbeteiligt an der Vorbereitung waren, das Ergebnis war auf alle Fälle im Sinne der damaligen Regierung. Schon wenige Tag nach der Freilassung gab es Rückmeldungen ins Kanzleramt. Botschafter Werner berichtete in einer vertraulichen Depesche aus Tripolis, dass man im Libanon sehr wohl den Zusammenhang des Verhaltens der Bundesregierung mit dem Bundestagswahlkampf in Deutschland erkannt habe, denn die »arabischen Länder hätten in der Vergangenheit schon öfter Schwierigkeiten mit Demokratien im Wahlkampf gehabt. (…) Für Libyen sei die Affäre von München abgeschlossen«.[59]

In einem als geheim eingestuften verschlüsselten Fernschreiben berichtet die deutsche Botschaft in Tunesien zudem von einem Gespräch zwischen Staatspräsident Bourguiba und PLO-Chef Jassir Arafat am 16. Januar 1973 in Tunis. In der Unterredung sei der Standpunkt der Bundesregierung, den Staatssekretär Paul Frank zuvor bei einem Besuch erläutert hatte, intensiv diskutiert worden. Arafat und Bourguiba hätten die Freilassung als »Beweis für die Freundschaft«[60] interpretiert und »... auch die jungen Palästinenser hätten der Auffassung der deutschen Seite zugestimmt, dass neue Terroraktionen gegen Deutschland, das sich gerade in letzter Zeit so aufgeschlossen gegenüber dem Palästinenserproblem gezeigt habe, der palästinensischen Sache nur schaden könnten. Man habe daher in Kreisen der Palästinensischen Widerstandsorganisationen, soweit sie unter Arafat vereinigt seien, offiziell beschlossen, keine Terroraktionen gegen oder in der Bundesrepublik künftig zu unternehmen«.[61]

Und weiter heißt es in der Zusammenfassung des Gesprächs mit Jassir Arafat: »... das sei allen arabischen Staaten und Widerstandsgruppen in geeigneter Form zur Kenntnis gebracht worden.«[62]

Einmal mehr: Frieden durch Kapitulation, Gratifikation des Terrors. Nicht nur durch die Bonner Koalition, mit aktiver Unterstützung der bundesdeutschen Opposition, der Union. Zumindest kurzfristig.

Mit der Freilassung der Olympia-Attentäter hatte sich die Bundesrepublik kurzfristig (und, wie sich zeigen sollte, eben nicht grundsätzlich) aus der Schusslinie des arabischen Terrors gebracht. Spätere Terrorakte in und gegen Deutschland zeigten den Preis. Im Herbst 1972 war jedenfalls der Höhe-, End- und Wendepunkt der Friedenspolitik von Friedensnobelpreisträger Willy Brandt erreicht.

Immer neue Vermutungen wurden nach der Freipressung laut: Im Zuge einer Gerichtsverhandlung gegen die Olympia-Attentäter wären zu viele Details des gescheiterten Befreiungsversuches von Fürstenfeldbruck und Versäumnisse der Sicherheitsbehörden ans Licht gekommen. Hatte Deutschland eine Aufarbeitung des Olympia-Attentats verhindern wollen? Und war es nur ein Zufall, dass einer der inhaftieren Attentäter erst zwei Tage zuvor die Krankenstation im Gefängnis verlassen konnte, wo er wegen seiner Schussverletzungen behandelt wurde?

Das Bemühen, das Verhältnis zu Israel wieder zu stabilisieren, zeigt der vertrauliche Brief von Willy Brandt an Israels Ministerpräsidentin Golda Meir, aus dem schon zitiert wurde. Der deutsche

Kanzler rechtfertigt sich für die auffällig reibungslose Freipressung und weist Anschuldigungen von sich:

»Unser Handeln wurde von der Überzeugung bestimmt, dass der Rettung der gefährdeten Menschen Vorrang vor allen anderen Erwägungen gebühre. In diesem konkreten Fall gab es keine andere Wahl. (…) Sie werden verstehen, dass ich schmerzlich berührt bin von Äußerungen, die im Zusammenhang mit der Entführung der Lufthansamaschine von israelischer Seite gefallen sind. Mit allem Nachdruck muss ich widersprechen, wenn hierbei Parallelen zu einer verbrecherischen Periode deutscher Politik gezogen werden.«[63] Wir erinnern uns.

Deutschland zeigte jedoch weiterhin kaum ein Bemühen, Transparenz in die Entführung zu bringen. Weder wurde ein Auslieferungsantrag für die drei Olympia-Attentäter an den Libanon gestellt noch eine Gerichtsverhandlung in absentia in Deutschland geführt. Die Ermittlungen der deutschen Behörden erscheinen aus heutiger Sicht mehr als halbherzig. Von den dreizehn Passagieren wurden nur drei polizeilich befragt. Von den anderen existieren weder Aussageprotokolle noch Täterbeschreibungen. Und auch die Identität der beiden Flugzeugentführer wurde nie ermittelt.

1999 erschien die Autobiografie des mutmaßlichen Drahtziehers des Olympia-Attentats Abu Daoud. Sie belastete die damalige Bundesregierung schwer. Der Topterrorist behauptet, dass »die Deutschen« nach dem Olympia-Attentat auf ihn zugekommen seien, um die Freipressung der drei überlebenden Attentäter zu arrangieren. Für die Durchführung seien ihm neun Millionen Dollar angeboten worden.[64]

Was auch immer die wahren Hintergründe der Freilassung der Olympia-Attentäter waren – deutsche Behörden versuchten nicht, sie aufzudecken. Vielmehr wurden bald nach ihrem »Verschwinden« auch die Verfahren gegen die Verantwortlichen des missglückten Polizeieinsatzes beim Olympia-Attentat eingestellt. Eine strafrechtliche Aufarbeitung der Vorfälle fand nicht statt.

Der Bundesnachrichtendienst verweigert noch immer Einsicht in Teile der Akten zum Anschlag auf das israelische Olympia-Team. Wie sehr das die Angehörigen der Opfer bis heute schmerzt, wurde bei der Gedenkfeier zum 40. Jahrestag des Olympia-Attentats auf dem ehemaligen Fliegerhorst in Fürstenfeldbruck deutlich. Die Sprecherin der Angehörigen, Ankie Spitzer, Witwe des 1972 getöteten israelischen Fechttrainers, betonte in ihrer Rede am 6. September 2012 auf dem Rollfeld des Flughafens, an der Stelle, an der ihr Mann im Kugelhagel starb:

»I'm sure that there is a lot of information that hasn't come to light yet. I hope I will live enough years that we can figure out, what that was. (…) But I think these are historical events, they should be checked and they should be researched. And I'm sure that there is still a lot that we haven't known about it. We don't know about. And it finally should come to light.«[65]

Eine Aufklärung scheint heute so unwahrscheinlich wie eh und je. Auch schriftliche Anfragen laufen zum Großteil ins Leere: Die Bundesregierung will sich zu den aufgeworfenen Fragen erst nach »Sichtung der vorhandenen Akten« äußern. Das bayerische Justizministerium bezeichnet sich als nicht zuständig: »Zu den übrigen Fragen kann eine Stellungnahme nicht erfolgen. Das Bayerische Staatsministerium der Justiz und für Verbraucherschutz äußert sich aus grundsätzlichen Erwägungen nicht zum Verhalten der Bundesregierung bei der Wahrnehmung der Zuständigkeit des Bundes für auswärtige Angelegenheiten.«[66] Das bayerische Innenministerium sieht das ähnlich: »Zu Ihrer Anfrage darf ich Ihnen mitteilen, dass dem Bayerischen Innenministerium zu den behaupteten Sachverhalten und Belegen keine Erkenntnisse vorliegen. Im Übrigen ist es weder Aufgabe noch Zuständigkeit des Bayerischen Innenministeriums, die angeblichen Maßnahmen der damaligen Bundesregierung zu kommentieren.«[67]

Im Bundeskanzleramt sah man sich auch nach 40 Jahren außerstande, konkret Stellung zu nehmen und unsere Fragen zur Beteiligung der damaligen Bundesregierung an der Freipressung der Olympia-Attentäter zu beantworten:

»Auf Ihre Fragen kann ich Ihnen als ›ein Regierungssprecher‹ [Ivo Steinbach; MW] mitteilen: Die Aufklärung der damaligen Ereignisse, insbesondere im Interesse der Angehörigen, hat auch aus Sicht der Bundesregierung eine hohe Bedeutung. Darum ist inzwischen unter der Federführung des Bundesministeriums des Innern eine umfassende Sichtung aller noch in den Bundesbehörden vorhandenen Akten zum Olympia-Attentat eingeleitet worden. Ziel ist es, diese in größtmöglichem Umfang für die Öffentlichkeit zugänglich zu machen. Einzelne Aktenbestände wurden bereits offengelegt und stehen für jedermann zur Einsichtnahme im Bundesarchiv bereit. Die Erhebung und Prüfung aller derzeit noch vorhandenen Akten auf Bundesebene erfordert ein koordiniertes Vorgehen in Ministerien und Behörden des Bundes, das noch einige Zeit in Anspruch nehmen wird, aber innerhalb weniger Monate abgeschlossen werden soll. Die Beantwortung der unten stehenden Fragen kann daher erst nach Sichtung des noch vorhandenen Aktenbestandes erfolgen.«[68]

Sowohl Bundeskanzlerin Angela Merkel als auch der Bayerische Ministerpräsident Horst Seehofer hatten sich – wohl angesichts des großen öffentlichen Interesses zum 40. Jahrestag – zunächst positiv zur Frage nach völliger Akteneinsicht geäußert und den Angehörigen der Opfer versprochen, alle Unterlagen – auch die des Bundesnachrichtendienstes (BND) – im Zusammenhang mit dem Olympia-Attentat und der Freipressung der Attentäter zugänglich zu machen.

Dann sah die Sachlage wohl doch anders aus. Unter dem Titel: ›Mossad stoppt Merkel‹[69] veröffentlichte ›Der Spiegel‹, dass auf Druck des israelischen Geheimdienstes Mossad der BND entschieden habe, »streng geheime« Unterlagen über das Olympia-Attentat 1972 weiterhin geheim zu halten. Gegenüber dem BND verweist der israelische Geheimdienst grundsätzlich auf »die Schutzbedürftigkeit aller Informationen«, die den Mossad betreffen. Der BND fürchtete, dass eine »Missachtung des israelischen Standpunkts die bilaterale Zusammenarbeit künftig beeinträchtigen könnte«. So bleibt die Frage, ob deutsche Behörden mit Wissen oder auf Initiative des Kanzleramtes an der Freipressung aktiv mitgewirkt haben, weiterhin offen. Und warum sollte Israel blockieren?

Einer der politischen Zeitzeugen von damals – der nicht genannt werden möchte – hat eigene Vermutungen zu der Flugzeugentführung der LH 615 mit Namen Kiel entwickelt. Er vermutet, dass die Freipressung geplant und vorbereitet wurde, allerdings ohne das Wissen des BND. Das erschien den Akteuren von damals politisch zu gewagt. Denn selbst der BND hätte eine solche Aktion dokumentieren und Akten dazu anlegen müssen. Dokumente in Papierform, die später einmal hätten offengelegt werden können. Daher wurde angeblich ein externer Helfer, der deutsche Waffenhändler und ehemaligen SS-Offizier Gerhard Mertins beauftragt, die Freipressung einzufädeln. Indiz dafür: Er war auch bei der Ankunft des entführten Flugzeuges in Tripolis anwesend.

Akten der Britischen Botschaft besagen: Ein Mitarbeiter namens Blakley habe dem Foreign and Commonwealth Office am Tag nach der Landung der LH 615 in Tripolis berichtet: »... met him at Tripoli airport at the time of arrival of the Lufthansa aircraft (and) noticed that Mertins appeared to be playing an active role in negotiating access to the aircraft for the diplomatic party.«[70] Weiter steht in dem vertraulichen Schreiben, das auch eine Auswertung der lokalen Zeitungen enthält: »... one of the photographs carried in the Lybian newspaper ›Al Fajr Al Jadid‹ ... he is the German arms dealer Gerhardt Mertins.«[71] Es gibt also sogar einen Fotobeweis, dass Gerhard Mertins (im Bericht der Britischen Botschaft fälschlicherweise mit dt geschrieben) bei der Landung der LH 615 anwesend war und eine wichtige Rolle bei der Kontaktaufnahme mit den Geiseln durch den deutschen Botschafter Werner vor Ort in Tripolis spielte.

Gerhard Mertins war bereits damals eine schillernde Figur im Nachrichtendienstgeschäft.[72] Er unterstützte bis 1955 als Leiter der Beratergruppe für Luftlandetruppen das ägyptische Verteidigungsministerium. Während der NS-Herrschaft war Mertins Mitglied der Waffen-SS und nach dem Zweiten Weltkrieg einer der bekanntesten Waffenexporteure der Bundesrepublik Deutschland. Mertins pflegte laut eigenen Angaben ab 1965 eine »dauerhafte Kooperation« mit dem iranischen Geheimdienst SAVAK. Der brave Mann arbeitete bis 1969 eng mit dem Bundesnachrichtendienst und auf dessen Veranlassung auch mit anderen westlichen Geheimdiensten zusammen.[73] Über Gerhard Mertins liefen damals vermutlich sämtliche Kontakte zu den Palästinensern. Er koordinierte die Vorbereitung und gab Rückmeldung nach Deutschland. Und zwar nicht ins Kanzleramt, den BND oder das Auswärtige Amt, sondern in die Parteizentrale der SPD. Dort saß Hans-Jürgen Wischnewski, der damals als Bundesgeschäftsführer fungierte und seine hervorragenden Kontakte in die arabische Welt für Willy Brandt spielen ließ. »Ben Wisch« könnte der entscheidende Drahtzieher der Entführung gewesen sein. So die unbewiesene Einschätzung des politischen Zeitzeugen.

Nicht bewiesen werden muss, weil hinreichend bekannt, die Tatsache, dass nach 1945 zahlreiche »Alte Kämpfer« der NS-Zeit in der arabischen Welt, besonders in Ägypten und Syrien, wohlwollend aufgenommen wurden und ein reiches, altbekanntes, von ihnen seit jeher gepflegtes und gehegtes Betätigungsfeld fanden: Ihren Kampf gegen »die« Juden. Bis 1945, im Rahmen der »Endlösung«, in Europa, danach in Nahost gegen den Jüdischen Staat, Israel. Nicht bekannt, zumindest uns bislang unbekannt, war allerdings die aktive Einbindung von Altnazis in die Nahostpolitik des durch Willy Brandt personifizierten neuen, demokratischen, humanen Deutschland. Betreten und bang stellen wir die Frage: Was wusste Willy? Im braundunklen Deutschland pflegte man sich bei Unliebsamem und doch Offensichtlichem mit diesem Spruch zu trösten: »Wenn das der Führer wüsste.«

Was wusste Egon Bahr? Der langjährige Freund und Vertraute Willy Brandts gehörte als Staatssekretär zum Krisenstab während der Flugzeugentführung. Er war die rechte Hand des Bundeskanzlers. »Wandel durch Annäherung« – das war seit 1963 Bahrs Ost-West-Formel. Dieses Vorbild wurde in den 1970er-Jahren das Leitbild deutscher Ost- und Friedenspolitik. Annäherung? Ja. Selbstaufgabe? Nein. Auf den »guten Willen« von Terroristen (und dabei auch von Altnazis) angewiesen zu sein – das war für Egon Bahr sowie die Bonner Republik ein Wendepunkt. »Selbstverständlich hat es eine intensive Diskussion gegeben, darf sich der Staat erpressen lassen – ich kann Ihnen nicht mehr sagen, wieso sich der Staat hat erpressen lassen zu diesem Austausch, aber es war der Beginn einer Diskussion: nicht noch einmal.«[74]

Das Nahen des Nahost-Terrors vor und nach der München-Olympiade hatten Bonn und Jerusalem unterschätzt. Bahr: »Es kam hinein in eine Situation des Jahres 1972, wo der Kanzler das konstruktive Misstrauensvotum überstanden hatte, sich entschlossen hatte zu Neuwahlen, ob er schon seinen Wirtschaftsminister verloren hatte, weiß ich nicht mehr, es war eine Situation, in der die Mehrzahl der Medien sicher war, die Bundesregierung würde die Wahlen im Herbst nicht überstehen.«[75]

Um diese Wahl, 1972, zu gewinnen, konnte sich Willy Brandt keinen weiteren Krisenherd im Bereich der Außenpolitik leisten. Die heftig umstrittene neue Ostpolitik bot dem politischen Gegner bereits genug Angriffsflächen. Auch deshalb lag es im Interesse der Brandt-Regierung die Nahost-und-Terror-Thematik aus dem Wahlkampf herauszuhalten. Zugleich mussten Brandt und seine Mitstreiter den Eindruck vermeiden, sie seien in der Nahostpolitik so weich wie in der Ostpolitik, so die Unterstellung der CDU/CSU-Opposition. Sowohl beim ersten nahostpolitischen Debakel, dem Olympia-Massaker im September 1972, als auch beim zweiten, der Freilassung der Terroristen im Oktober 1972, wurde die CDU/CSU-Opposition unfreiwilliger Kumpan und fast so etwas wie der »nützliche Idiot« der SPD/FDP-Koalition. Bei den Neuwahlen im November 1972 wurde die Regierung Brandt bestätigt. Die SPD wurde mit 45,8 Prozent der Stimmen erstmals stärkste Fraktion im Bundestag.

Das Konzept der Brandt'schen Ostpolitik bleibt ein dauerhafter Triumph. Seine Nahost-und-Anti-Terror-Politik bleibt, wie im nächsten Kapitel zusätzlich dokumentiert, ein Desaster. Diese Konzeption nannte Israels Außenminister Abba Eban, sonst eher ein Mann des weichen Wortes, »schnelle Kapitulation«. Artig, als »Stimme seines Herrn«, widersprach Botschafter von Puttkamer: »Den Ausdruck Kapitulation können wir (…) nicht akzeptieren.«[76] Ähnliches schrieb Willy Brandt der israelischen Ministerpräsidentin: »Die am 29. Oktober eingenommene Haltung der Bundesregierung bedeutet kein Zurückweichen gegenüber dem Terrorismus. Die Bundesregierung wird sich auch in Zukunft mit ganzer Kraft und allen ihr zur Verfügung stehenden Mitteln terroristischen Anschlägen entgegenstemmen.«[77] So viel zur Selbst- und Außendarstellung.

Nach dem Olympia-Massaker im September und der schmachvollen Freilassung der Terroristen im Oktober 1972 war eine neue strategische Entscheidung getroffen worden: keine Kapitulation vor dem Terror, Aufbau der GSG 9. Die erste erfolgreiche Operation dieser neuen Konzeption war 1977 die Befreiung der Lufthansapassagiere, die palästinensische Terroristen entführt hatten. Da hieß der Bundeskanzler bekanntlich nicht mehr Willy Brandt, sondern »Schmidt Schnauze«, Helmut Schmidt.

Golda Meir war von Brandt enttäuscht. Punktuell, aber (noch) nicht strukturell, grundsätzlich. Das war auch der Grund, weshalb sie Botschafter von Puttkamer, wie schon erwähnt, versicherte: »Ich teile hundert Prozent, und ich wiederhole noch einmal hundert Prozent, den Wunsch des Bundeskanzlers, dass diese Angelegenheit nicht zu einer Belastung der bilateralen Beziehungen werden darf. Meine Regierung wird sich entsprechend bemühen.«[78] Im Sommer 1973 bemühte sie sich besonders. Im Herbst jenes Jahres folgte die Winter- und Eiszeit.

Hinterher weiß es jeder besser. Auch wir. Wir haben es erheblich leichter als Kanzler Brandt und seine damaligen Mit-Entscheider in der SPD/FDP-Koalition. Politisch leichter machte es ihnen – in diesem Fall – die allein von der CSU gestellte und geführte bayerische Staatsregierung, deren Weichen damals (und bis zu seinem Tod im Jahre 1988) »der Bayer schlechthin«, also Franz Josef Strauß, stellte. Während Strauß und die CSU ansonsten vor allem gegenüber der Ostpolitik der Brandt/Scheel-Regierung Totalopposition und -konfrontation betrieben, beteiligten sie sich im Oktober 1972 an der antiterrorstrategischen Ursünde der Bundesrepublik. Sie ließen sich durch die Entführung einer Lufthansamaschine erpressen und sie ließen die überlebenden Terroristen des Olympia-Blutbades frei. Dieses, sagen wir, Bonn-Münchener-Modell sollte hierzulande über Jahrzehnte Schule machen. Es blieb bis in unsere Gegenwart das Kontrastprogramm gegenüber dem israelischen Modell, wonach (Ausnahmen bestätigen die Regel) nicht mit Terroristen zu verhandeln oder ihnen gar nachzugeben sei.

Das bundesdeutsche Modell hat Terroristen seit jenem nacholympischen Oktober 1972 immer wieder belohnt und auf diese Weise zu neuem Terror ermutigt. Warum auch sollte oder würde ein Mensch, der skrupellos und menschenverachtend ist, auf ein politisch erfolgreiches Instrument verzichten? Daraus folgt: Das Nachgeben von heute bedingt den Terror von morgen und übermorgen.

Brandts Nachfolger im Kanzleramt, der Sozialdemokrat Helmut

Schmidt, hat diese Lektion gelernt – und (obwohl im Allgemeinen sehr israelkritisch, sozusagen »israelisch«) im »Deutschen Herbst« 1977 angewandt. Das kostete Arbeitgeberpräsident Hanns Martin Schleyer das Leben und rettete in Mogadischu (Somalia) die Passagiere der von Palästinensern entführten Lufthansamaschine Landshut. Dem Bonn-Münchener-Modell folgten dagegen Jahrzehnte später, im März 2004, zum Beispiel Spaniens Sozialisten unter José Luis Zapatero. 2003 hatte der konservative Ministerpräsident José Maria Aznar spanische Soldaten in den Irak geschickt. Gemeinsam mit den USA und ihren Verbündeten kämpften sie dort gegen sunnitische und schiitische Islamisten. Diesen Kurs attackierten Zapateros Sozialisten im Wahlkampf. Wenige Tage vor der Wahl verübten Islamisten Mega-Terroraktionen gegen den Öffentlichen Nahverkehr Madrids. Bis zu diesem Blutbad hatten Umfragen einen Wahlsieg Aznars signalisiert. Gewonnen haben die Wahl in Spanien Zapatero und die Sozialisten. Prompt zogen sie die spanischen Soldaten ab. Am Ende hatten die Terroristen gewonnen.

Über beide Anti-Terror-Modelle bzw. -Strategien könnte und müsste man intensiver und ausführlicher nachdenken. Wir kommen auf die »Genesis« des Bonn-Münchener-Modells der Ära Brandt und dabei auch auf den Kanzler selbst zurück. Der »olympischen« Erst-Aktion in Deutschland, der Ereigniskette vom 5. September 1972, war am 29. Oktober 1972 die zweite gefolgt. Bundesaußenminister Scheel war erleichtert. Auf seinem Sprechzettel für den Ständigen Ausschuss des Bundestages, der sich nach dieser Flugzeugentführung mit ihr befasste, stand, er hoffe, dass »nunmehr die Konfliktparteien die völkerrechtlichen Grundsätze respektieren und ihre Aktivitäten nicht auf das Territorium der Bundesrepublik Deutschland erstrecken« mögen.[79] »Heiliger Florian, verschon mein Haus, zünd andre an.«

Noch kein Ende des Ärgers in Sicht: An der Olympiaunterkunft der Israelis sollte im November 1972 eine Gedenktafel für die Terroropfer angebracht werden. Darauf prangte ein Kreuz, ein, selbst wenn es gut gemeint war, bei Juden doch eher selten verwendetes Symbol. Dann waren auch noch einige Namen falsch geschrieben oder verwechselt worden, ein Trainer, der nicht ermordet worden war, erschien auf dieser Tafel. Kein Meisterstück des Erinnerns oder Gedenkens. Bis dies zustande kam, dauerte es 23 Jahre. 1995 wurde im Münchener Olympiapark die großartige Skulptur des Landshuter Bildhauers Fritz Koenig aufgestellt, 2017 eine Gedenkstätte eingerichtet.

Waren diese Peinlichkeiten nur Pannen oder hatten sie System? Wir wissen es nicht. Sehr wohl System hatte das Verhalten der deutschen und israelischen Behörden gegenüber den Hinterbliebenen der Opfer. Nein, so der Basta-Ton, Deutschland trage weder rechtlich noch finanziell Verantwortung für die Ermordung der elf Israelis. Punkt. Israels Regierung übte kaum Druck aus. Sie wollte die trotz allem enge Zusammenarbeit mit Deutschland nicht aufs Spiel setzen. Das ging, im wahrsten Sinne des Wortes, auf Kosten der Hinterbliebenen. Nachdem sich endlich die hohe deutsche Politik eingeschaltet hatte, fand man 2004 einen gangbaren Weg. Als der Kampf der Hinterbliebenen mit den deutschen Behörden anfing, lebten noch 34 der Eltern, Witwen und Kinder 1992 waren es nur noch 25. 1992 war ein für die Aufarbeitung des Massakers wichtiges Jahr. Bis dahin gab es amtlich keine Dokumente zum Thema. Auf seltsamen Pfaden wurden sie 1992 »entdeckt«, den Opfern zunächst zugespielt und dann zugänglich gemacht.

So entsetzlich der palästinensische Terror ist und war, er bedroht(e) Israels Alltag, nicht aber Israels Existenz. Zu Beginn des Jom-Kippur-Krieges im Oktober 1973 war das anders. Da war diese Existenz in extremer Gefahr. Ägyptische und syrische Truppen hatten gewaltige Geländegewinne erkämpft. Israel bat um US-amerikanische Waffenlieferungen. Sie wurden aus der Bundesrepublik Deutschland und von dort seit den frühen Kriegstagen auf dem Luft- und Seeweg nach Israel transportiert. Dagegen hatte intern Außenminister Scheel protestiert, konnte sich aber gegenüber Kanzler Brandt, der die Richtlinien bestimmte, nicht durchsetzen. Erst nachdem der militärische Sieg Israels feststand, untersagte Bonn den USA weitere Nachschublieferungen an Israel. Das war nur noch politische Kosmetik. Was war Scheels Motiv? Er wollte zu Beginn des Krieges an die Substanz der deutschen Israelpolitik. Er konnte nicht. Den Kanzler rügen, konnte er wohl – nach dem Ende des Krieges, am 12. November

1973, auf dem Wiesbadener FDP-Parteitag. Den deutsch-israelischen Beziehungen bekam diese Rüge nicht sonderlich gut. Scheel wurde im Mai 1974 Bundespräsident, Genscher sein Nachfolger im Auswärtigen Amt, wo er sich redlich um die Verbesserung des arg strapazierten Verhältnisses zu Israel bemühte. München 1972 war nur eines von vielen deutsch-israelischen Ärgernissen in den Jahren 1969 bis 1973. Andere folgten, auch Kräche und Krisen. Ihnen widmen wir uns hier nicht, wohl aber der Frage, ob München 1972 über die Ereigniskette hinaus Grundsätzliches über das deutsch-israelisch-jüdische Verhältnis offenbart. Ja.

Der mentale Abgrund als historischer Ort von Deutschen, Juden und Israelis

Die Mehrheit der Bundesbürger billigte 1972 den Kurs ihrer Politiker im Zusammenhang mit der Flugzeugentführung nach Zagreb und Tripolis, Libyen. 59 Prozent, so das Allensbacher Institut für Demoskopie, meinten, die Bundesregierung habe getan, »was möglich war«. Nur 30 Prozent fanden, sie hätte mehr tun müssen. Ganz anders sah es Israels Presse und Öffentlichkeit. Sie hatten Deutschland wie gewohnt, mit dem Wahrnehmungsfilter »Hitler« betrachtend, eine einsatzwillige und -fähige Bundesrepublik erwartet und waren entsetzt. So weich, also zu weich durfte, sollte, ihrem Verständnis gemäß, kein Staat handeln. Die Geister deutscher »Umerziehung« bzw. Humanisierung, die nicht zuletzt Israel und die jüdische Welt nach Holocaust und Weltkriegen gewollt und gefordert hatten, wirkten – doch nun nicht mehr im Geiste ihrer Erfinder.

Auch diese Geister sahen Juden: Schmuel Lalkin, 1972 Leiter der israelischen Olympia-Delegation: »Unsere Hilflosigkeit weckte böse Erinnerungen in uns … Die Israelis waren vollkommen schutzlos, wie Lämmer, die zur Schlachtbank geführt wurden.«[80]

Israels Botschafter Ben-Horin überhäufte Außen-Staatssekretär Frank und die Bundesregierung am 15. November 1972 mit Vorwürfen. Scheels zweiter Mann konterte: »Wir seien … seit 1933 in unserem Verhältnis zur Macht philosophischer geworden.« Höflich (oder sprachlos?) fragte Israels Botschafter nicht nach Hinweisen auf das ausgerechnet von 1933 bis 1945 »philosophischere« Verhältnis der Deutschen zur Macht …

»Nie wieder Täter« und »Nie wieder Opfer!«. Die Folge: Deutsche, Juden und besonders Israelis: »Sie können einander nicht finden.« Deutschland und Israel wechselten nach Weltkriegen und Holocaust ihre vorherigen (Ein-)Stellungen: Deutschland vom Extrempunkt überzeugter Gewaltanwendung im Bereich des Politischen auf die Seite (zum Extrem?) der Gewaltverachtung. Um nicht »wieder Opfer« zu werden, rechtfertigen »die« Israelis und »die« Juden, anders als »die« Deutschen, Gewalt als Mittel der Politik.

Weichheit als Weisheit, als Moral und »Lehre aus der Geschichte«. Hier und damals wurde das neue, weiche Deutschland weltweit erneut sichtbar. Das Motto »Heitere, fröhliche Spiele« war als Marketingkonzept eine Kopfgeburt. Es sollte für eine unverkrampfte, lockere, unideologische Bundesrepublik stehen. Das doppelte (Un-)Sicherheitsdebakel von München (Olympiadorf) und Fürstenfeldbruck sowie die Art und Weise der Terroristen-Freilassung dokumentiert besser als jeder PR-Spruch, dass die neudeutsche Weich- und Weisheit den Weg vom deutschen Kopf zum deutschen Herzen gefunden hatte, also von der deutschen Politik und Gesellschaft verinnerlicht worden war – bis zur gegenwehrunfähigen Tolpatschigkeit. Auch dieses Deutschland verstanden »die« Juden und Israelis nicht.

Noch ein Historischer Ort: Nach dem Massaker von München wandte sich die Weltöffentlichkeit (mit Ausnahme der USA) emotional allmählich vom israelischen Opfer ab und dem palästinensischen Täter zu. Nationale, Europa-kontinentale und globale Umfragen belegen diese Entwicklung. Faktische und potenzielle, individuelle ebenso wie kollektive Opfer von Diktatoren oder anderen Mördern arrangieren sich mit diesen oder identifizieren sich gar und aktivieren, wenn überhaupt, dann spät ihre Gegenwehr. Das Phänomen ist aus der Psychologie gut bekannt. Nachgeben gilt dann als Weisheit. Israel ist da eine Ausnahme, und Ausnahmen sind unbeliebt. So gesehen ist es kein Wunder, dass Israel seit 1972/73 fast weltweit und nicht zuletzt in Deutschland ständig unbeliebter wurde.

Dieses neue, weiche, gewaltlose Deutschland liebt die Welt, schon

1972, recht besehen schon früher. Im April 1966 hatte sich das Internationale Olympische Komitee zugunsten von München entschieden. Damals war Ludwig Erhard Bundeskanzler; eher ein Weicher, der Konflikten auswich und nicht dem guten alten deutschen Klischee entsprach, das da hieß: »Viel Feind, viel Ehr.« Auf Erhard folgte Kiesinger, zwar ehemals NSDAP-Mitglied, aber als Kanzler ein ungefährlicher Schönredner – trotz der ihn dämonisierenden Ohrfeige von Beate Klarsfeld. Dennoch erzeugte seine NS-Vergangenheit eine Delle im Image. Diesen Imageverlust durch Kiesinger glich Bundesaußenminister Willy Brandt wieder aus, als Emigrant, der aus dem schwedischen und norwegischen Exil heraus Hitler bekämpft hatte. Als Brandt 1969 Bundeskanzler wurde und sofort die Neue deutsche Ostpolitik als Teil globaler Entspannungspolitik (mit Egon Bahr) konzipierte sowie realisierte, symbolisierte und personifizierte er für viele endgültig das Neue am neuen sympathischen Bundes-Deutschland.

Vor diesem Hintergrund waren die Debakel von München, Fürstenfeldbruck und die Lufthansa-Entführung geradezu die logische Folge des deutschen Politikverständnisses. Es war auf dem Feld der Sicherheitspolitik bzw. der Politik prinzipieller Gewaltlosigkeit verpflichtet. Es war nicht willig, Gewalt einzusetzen, und auch (nochmals: positiv gemeint) unfähig dazu. Diese Haltung war gewissermaßen Vollendung und Höhepunkt neudeutscher Weltsicht.

Die Ereignisse verdeutlichten, jenseits der so sympathischen neuen bundesdeutschen Weichheit, zugleich ein, ja, das fundamentale Dilemma des Nachkriegsdeutschlands. Es war verwundbar, erpressbar und deshalb eher getriebenes Objekt als frei handelndes Subjekt. Mehr noch: Dieser deutsche Staat, so schien es durch das Dreierereignis München-Fürstenfeldbruck-Zagreb, konnte die elementare Aufgabe des Staates an sich nicht erfüllen: den Schutz seiner Staatsbürger und Einwohner nach innen und außen. Dazu der israelische Sicherheitsexperte Aaron J. Klein in seinem Buch ›Die Rächer. Wie der israelische Geheimdienst die Olympiamörder von München jagte‹: »Die Inkompetenz der Deutschen in diesem Geiseldrama spottet jeder Beschreibung. Ihre unsäglichen, stümperhaften Befreiungsversuche waren zum Scheitern verurteilt.«[81]

Was war die Folge? Die neudeutsche Friedfertigkeit wurde durch den Willen und die Fähigkeit zu punktueller Härte, sprich Gewaltanwendung, ergänzt. Das war der Grundgedanke der Anti-Terroreinheit GSG 9 und – nach der Wiedervereinigung – der aktiven, aber doch immer multilateralen Sicherheits- bzw. Militär- und Anti-Terrorpolitik der Bundesrepublik. Als Wendepunkt bundesdeutscher Sicherheitspolitik ist München/Fürstenfeldbruck 1972 daher ein historischer Ort. Der Rahmen wäre allerdings zu erweitern. Den Wechsel von demonstrativer sicherheitspolitischer Passivität zu – verhaltenem – Aktivismus vollzog nicht Bundeskanzler Willy Brandt, der im Herbst 1972 vor allem um seine Wiederwahl und das politische Überleben seiner Ostpolitik kämpfte, sondern sein Nachfolger Helmut Schmidt. Am 18. Oktober 1977, bei der politisch und militärisch so erfolgreichen Geiselbefreiung von Mogadischu, wurde diese Wende sichtbar. Fortan handelte Deutschland nicht mehr nur weich, sondern sozusagen weichhart. Der Kreis schloss sich: Das GSG 9-Kommando führte Ulrich Wegener, der in der Nacht zum 6. September 1972 ohnmächtig auf dem Tower von Fürstenfeldbruck zugesehen hatte, wie der Staat an den Terroristen gescheitert war.

Für den deutschen 18. Oktober 1977 gibt es ein israelisches Vorbild, einen Vorgänger: Die Geiselbefreiung im ugandischen Entebbe am 4. Juli 1976 durch Israels militärisches Elitekommando, »Sajeret Matkal«. Im Anti-Terrorkampf hatten Deutschland und Israel seit München 1972 gemeinsam einen Strategiewechsel vollzogen: Sicherheit für die eigenen Bürger auch außerhalb des eigenen Staates zu gewähren. Dabei galt (gilt?) notfalls der Grundsatz: Sicherheit vor Souveränität.

Der weichharte Ansatz deutscher Außen- und Sicherheitspolitik hat sich bewährt und wurde belohnt. Belohnt wurde Deutschland. Es ist seit Jahren der weltweit beliebteste Staat. Vor allem die jährlichen internationalen BBC-Umfragen dokumentieren diese Entwicklung. Selbst in Israel erfreut sich das neue Deutschland seit Jahren großer Beliebtheit. Das Neue am neuen Deutschland wird längst auch hier wahrgenommen und gewürdigt.

Wirtschaftspolitisch wird Beliebtheit ebenfalls belohnt, denn Exporterfolge sind auf den Good will der potenziellen Käufer angewiesen. Ohne die Beliebtheit des neuen Deutschland wäre die Bundesrepublik nicht Export-Weltspitze. Weichheit erweist sich als harter Wirtschaftsfaktor. Softness sells. Werden sich »die« Deutschen auf Dauer ihre Friedfertigkeit und »die« Israelis ihre Härte leisten können, ohne in der Sackgasse zu enden?

Wir drehen den Film zurück und fragen: War Brandts Nachgeben nicht doch, wie bei seiner Ostpolitik, auch in Nahost letztlich friedensstiftend? Immerhin hatte er im Oktober 1972 durch die Freilassung der Terroristen »den Arabern« gezeigt, dass er keineswegs Israels williger Vollstrecker und zudem nicht vom Jüdischen Staat oder gar von der »US-Jüdischen Weltmacht« erpressbar war. Die dramatischen Ereignisse des Jahres 1973 sollten diese Frage beantworten.

Unterlassungsschuld?
Willy Brandt und der Nahostkrieg, Oktober 1973

Auch wenn deutsche Soldaten heute an Auslandseinsätzen beteiligt sind, musste die Bundesrepublik Deutschland in den rund 70 Jahren seit ihrer Gründung nie einen Krieg führen, um das eigene Land zu verteidigen. Andere haben dafür gesorgt, dass es nicht so weit kam. Auch der innere Frieden konnte weitgehend gewahrt werden. Für die Bürger des jüdischen Staates Israel sieht es anders aus. Sie leben in einem Land, in dem Terrorakte zum Alltag gehören, und sie haben in den über 70 Jahren seit der Gründung des Staates mehrere Kriege geführt, um zu verhindern, dass ihr Land von der Landkarte verschwindet, wie auf der Website des berühmt-berüchtigten Rappers Bushido. Im Jom-Kippur-Krieg im Oktober 1973 wäre es fast so weit gekommen. Dieser Krieg steht für einen Wendepunkt in der Geschichte Israels in der Welt, aber auch in der Geschichte der Ära Brandt.

Israels damalige Ministerpräsidentin Golda Meir (1969–1974), die als kompromisslose »Falkin« galt, war im Sommer 1973 für einen Frieden mit Ägypten bereit. Sie war praktisch bereit, nahezu alle im Sechstagekrieg vom Juni 1967 auf der Sinai-Halbinsel eroberten Gebiete zu räumen. Der Vermittlerfähigkeit und -willigkeit der Großmächte vertraute sie nicht mehr, aber immer noch ihrem Genossen, dem deutschen Sozialdemokraten Willy Brandt. Trotz München und den Folgen. Bei Brandts Israelbesuch im Juni 1973 bat sie ihn um Rat und Tat. Er sollte helfen, den Friedensprozess in Gang zu setzen. Er versagte die Hilfe.

Versagte er? Ja. Erstens, weil er grundsätzlich kein großes Interesse an engen Kontakten zu Israel hatte. Das entsprach (und entspricht bis heute) der Mehrheitsmeinung der SPD-Basis. Einer der Gründe dafür war der 1968 einsetzende Zustrom aus den Reihen der neulinken, außerparlamentarischen Opposition (APO). Sie war zionismus- und damit judenstaatsfeindlich. Zweitens war Brandt prinzipiell nicht bereit, in Nahost zu vermitteln, konnte aber als Träger des Friedensnobelpreises Golda Meir ihren Wunsch zur Unterstützung einer Initiative für den Frieden nicht gut rundweg abschlagen. Doch er machte die Angelegenheit nicht zur Chefsache, sondern übertrug sie dem Israel wenig geneigten, die arabische Welt favorisierenden Auswärtigen Amt. Das war der dritte Grund für das Scheitern dieses Versuchs der Friedensstiftung.

Der Kopf des Auswärtigen Amts, der FDP-Vorsitzende Walter Scheel, hatte zwar seit 1966 seine Partei von rechts- auf linksliberal umgestellt, doch deren Israel- und judenpolitisch distanzierte Grundhaltung hatte er fortgeführt. Diese Haltung der FDP war erstmals 1952/53 bei der Ablehnung des Wiedergutmachungsabkommens erkennbar geworden. Hinzu kam, dass auch für Brandt und die SPD/FDP-Koalitionsmehrheit Israel ein Störfaktor ihrer Nahostsicht und -politik war. Golda Meir hatte sich demnach personell und strukturell den falschen Helfer erkoren. Das sind Schlussfolgerungen, die auf entsprechenden Dokumenten aus Deutschland und Israel basieren.

Brandts friedenspolitisches Fiasko des Jahres 1973 war weder Zufall noch Unfall. Es war Teil seiner Nahost-Strategie.

Brandts Nahost-Strategie

Die Richtlinie des Kanzlers war im Protokoll des Kabinettsgesprächs vom 11. Februar 1970 eindeutig festgehalten worden.[1] Im ersten Kapitel wurde sie zitiert: »Unsere Nahostpolitik solle ausgewogen sein« und »ohne Komplexe« betrieben werden.[2] »Normalisierung« ohne »eine Abwertung« sei das Ziel.[3] Dann eine Äußerung über Israels Politik Deutschland gegenüber: »Er liebe keine Erpressungen, selbst wenn sie von Freundesseite kämen«.[4] Außenminister Scheel sekundierte: »Auch er sei kein Freund irgendwelcher Erpressungen.«[5] Welche »Erpressungen« Brandt und Scheel meinten, verrät das Protokoll nicht. Verteidigungsminister Helmut Schmidt verwies darauf, dass »in den USA immer noch mehr Juden lebten als in Israel, dass unsere Israel-Politik also stets leicht auf das Verhältnis zu den USA zurückwirken könne«.[6] Das kann, aber soll und muss man nicht als Variante des Antisemiten-»Klassikers«, der ›Protokolle der Weisen von Zion‹ und deren Fantastereien von weltjüdischer Macht, interpretieren. Dennoch hat dieser Gedanke ein gewisses »Geschmäckle«. Erstaunlich ist insgesamt der unfreundliche, geradezu gehässige, stammtischverdächtige Grundton, den die führenden Politiker der sozialliberalen Regierung anstimmten.

Die Ouvertüre 1971/72

Anders als Staatsgründer Ben-Gurion glaubte Golda Meir nicht an das »neue Deutschland«. Warum bat sie dann ausgerechnet den deutschen Bundeskanzler um Hilfe? Weil sie ihn als sozialdemokratischen »Genossen« und als erfolgreichen Friedenspolitiker schätzte. Sicher wollte sie auch sein weltweites Ansehen als Friedenskanzler für ihr Vorhaben nutzen. Warum auch nicht?

Wie es sich gehört, hatte sie Brandt zum Friedensnobelpreis gratuliert, woraufhin er am 29. November 1971 großmütig, großmundig versprach, dass ihm die Auszeichnung »ein Ansporn« sei, »auch künftig mit ganzer Kraft einer Politik der Friedenssicherung zu dienen, die eine Wiederholung der Schrecken der Vergangenheit verhindern hilft«.[7] Der Friedenskanzler wurde konkret: »… wenn immer Sie meinen, dass ich für meine Überlegungen und Gespräche etwas wissen sollte, was über die offiziellen Verlautbarungen hinausgeht, zögern Sie bitte nicht, es mich wissen zu lassen.«[8] Frau Meir fühlte sich ermutigt. Wenig konkret formulierend schloss sie mit dem »Lieben Kanzler und Genossen Brandt« sozusagen einen geistigen Bund »sozialistischer Führer«.[9] »Ich meine, dass es notwendig ist, dass Menschen, die die Ideologie teilen, die ich mein ganzes Leben lang lebte, all die Fakten kennen und verstehen sollten, um möglicherweise zu helfen.«[10]

Die von den Großmächten enttäuschte Golda Meir[11] hatte also den Eindruck, Brandt sei bereit, bei der Suche nach einem Nahostfrieden zu »helfen«.[12] Sie nahm ihn beim Wort und »schätzt(e) es sehr«, dass er über Nahost informiert werden und helfen wollte.[13] Sie schloss voller Begeisterung über seinen Beitrag im »Drama« für eine »bessere Welt« und, »wenn erfolgreich«, für – nicht mehr und nicht weniger als – die »Befreiung der Menschheit von der Angst«.[14] Als sie im November 1971 mit Brandt korrespondierte, scheute die Ministerpräsidentin nicht vor den ganz großen Worten zurück. Angefangen hatte es anders.

Am 26. Mai 1971 hatten sich »Golda« und »Willy« im Rahmen der Sozialistischen Internationale in Stockholm erstmals persönlich getroffen. Sie tobte. Der Grund: das erste außenpolitische Positionspapier der Europäischen Gemeinschaft. Dieses Dokument der »Europäischen Politischen Zusammenarbeit« (EPZ) widmete sich Nahost. Es sollte »intern« sein, war aber in die Hände des von den meisten Israelis geradezu verachteten UNO-Generalsekretärs Sithu U Thant geraten und somit ein offenes Geheimnis. Golda Meir empfand es als antiisraelisch. Der Kanzler meinte, sie kritisiere »aufgrund falscher Informationen«.[15] Das mutet seltsam an, denn das Papier war vollständig bekannt. Willy Brandt gab sich bezüglich jener Weitergabe überrascht, und Golda Meir sowie die anderen anwesenden Israelis vertrauten ihm. Die Delegationen trennten sich in guter Stimmung.[16]

Mit der Genossin Golda sprach Brandt jedoch freundlicher als über sie. Er berichtete Frankreichs Staatspräsidenten Pompidou im Juli 1971: »Er habe vor ein paar Monaten Frau Golda Meir getroffen. Sie habe eine sehr kämpferische Haltung an den Tag gelegt und das Bild vermittelt, dass Israel allein stehe, keine Freunde habe und notfalls bis zum letzten Mann kämpfen wolle. Von Freunden habe er gehört, dass Mosche Dajan [Israels Verteidigungsminister; MW] eine etwas kritischere Einstellung habe. Nach dem israelischen Parteiensystem könne Mosche Dajan aber nicht erster Mann des Landes werden.«[17] Das bedauerte Brandt offenbar.

Funkstille und dann, am 27. Juni 1972 das zweite Treffen zwischen den beiden Genossen. Nun, in Wien, wieder am Rande eines Kongresses der Sozialistischen Internationale, in Goldas Hotelzimmer.[18] Beiden standen je drei Begleiter zur Seite.

Die Nacht zuvor hatte der UN-Sicherheitsrat Israel einmal mehr wegen seiner Gegenangriffe auf die aus dem Libanon operierende PLO verurteilt. Frankreich spielte dabei eine Schlüsselrolle. »Immer wieder werden wir verurteilt«, beklagte sich Golda Meir bei Brandt. Der Kanzler antwortete mit unspezifischen Allerweltsweisheiten,[19] kam dann aber von sich aus auf das ihm unangenehme Thema der Einladung zu einem Staatsbesuch in Israel zu sprechen. Er löste das Problem elegant, indem er »bedauerte, entgegen seiner ursprünglichen Absicht wegen der bevorstehen Wahlen nicht im November 1972 reisen zu können. Er werde aber so bald wie möglich nach den Wahlen Israel besuchen. Golda Meir erklärte, dass sie hierfür volles Verständnis habe«.[20] Das besagen die deutschen und israelischen Akten. Brandts Unlust dokumentieren allerdings nur die deutschen Dokumente.

Wusste Golda Meir das? Wohl nicht, denn ihr Werben wurde heftiger: »Mein lieber Kanzler Brandt« wurde am 6. Februar 1973 von ihr »besonders herzlich« nach Israel eingeladen. Botschafter Ben-Horin übergab das überaus freundliche, ja, einschmeichelnde Schreiben am 8. Februar in Bonn. Der Kanzler sollte den Termin bestimmen.[21] Kurz danach schwärmte sie ihm über seine »visionären und mutigen Aktivitäten« vor, die »Hoffnung auf eine bessere Welt« weckten.[22] Es war die erste Einladung nach Israel, die ein amtierender Bundeskanzler erhalten hatte.

Der Adressat war nicht gerade begeistert. Wieder plauderte er abschätzig über Israels Landesmutter mit dem dezidiert antiisraelischen Präsidenten Frankreichs, Georges Pompidou. Der lieferte Libyens Gaddafi Mirage-Jets und verweigerte Israel sogar längst bezahlte Marine-Schnellboote, die dann ein israelisches Kommando auf eigene Faust am Heiligabend 1969 in Cherbourg abgeholt hatte. Seltsamerweise missfiel Pompidou die Rolle des Christkindls für den Jüdischen Staat.

Pompidous Groll saß tief, und das dürfte auch Willy Brandt nicht unbekannt gewesen sein. Er »befinde sich in einer schwierigen Lage, weil er sich der unter etwas seltsamen Umständen ergangenen Einladung von Ministerpräsidentin Meir praktisch nicht entziehen könne … und gleichzeitig sehen müsse, wie er das auf arabischer Seite ausbalancieren könne.[23] Weder Brandt noch seine Mitarbeiter oder Scheel und sein Auswärtiges Amt waren auf den Israelbesuch erpicht. Das dokumentiert auch die Terminfindung. Sie war zäh, gelinde gesagt. Nicht nur, wie den Israelis 1972 erklärt wurde, wegen der vorgezogenen Bundestagswahl, sondern wegen der teils grotesken arabienpolitischen Gleichgewichtsübungen. Geduldig akzeptierte man in Jerusalem Bonns Beteuerungen.[24] Bonner Befürchtungen galten auch dem »Eindruck eines ungewöhnlich langen Besuchs«.[25] Dann kam dieser Vorschlag: Dauern sollte der Besuch vom 7. bis 10. Juni. Angekündigt werden sollte er für den 8. bis 10. Juni.[26] Dann kam noch eine offizielle Ankündigung: »Wegen des Feiertages [Der 9. Juni 1973 war ein Samstag.] werden der Herr Bundeskanzler und Frau Brandt [die mitkommen sollte] am 9. Juni einen privaten Ruhetag einlegen.«[27] Ein Eiertanz aus Araberangst.

Golda Meir gab nicht auf – trotz des Versagens der Bundesregierung beim Terroristenmassaker während der Münchener Olympiade und der Freipressung der überlebenden Terroristen im selben Jahr. Israels »Volksseele« hatte gebrannt und auch Golda Meir hatte »gekocht«, doch sie fasste Brandt politisch nach wie vor mit Glacéhandschuhen an. Nur wenige Wochen nach München und Zagreb begannen die Vorbereitungen auf seine Israelreise. Fast, als wäre nichts geschehen.

Vorbereitungen

Dem Kanzler wurde es mulmig. Er schickte im Januar 1973 seinen Intimus Egon Bahr zu Botschafter Ben-Horin. Der fragte, ob so kurz nach dem Olympia-Massaker und der erpressten Terroristen-Freilassung der Kanzlerbesuch angebracht sei und ob man außer mit einer unfreundlichen Presse auch Protestdemonstrationen gegen Brandt erwarten müsse.[28]

Hatten Bahr und Brandt tatsächlich nicht bemerkt oder bemerken wollen, dass Golda Meir und ihre Regierung, anders als die israelische Presse, die verantwortlichen Deutschen selbst nach jenen beiden krassen Fehlleistungen im Herbst 1972 äußerst schonend, ja, geradezu schmeichelnd behandelten? Wärmstens riet Israels Botschafter zur Visite.[29] Dabei waren die proarabischen Bemühungen des Auswärtigen Amtes bestens bekannt und der deutsche Außenminister

Scheel trat gegenüber Israels Botschafter auch noch als politischer Lehrmeister auf: Es sei für Jerusalem wichtig, zu wissen, dass die USA nicht Israels »Agentur« (bzw. Vertretung) seien.[30] Abgesehen von dieser Schulmeisterei agierte der FDP-Vorsitzende Scheel auch ganz handfest, anders als in der Wahrnehmung des Botschafters der SPD-Kanzler und dessen Parteigenosse, Verteidigungsminister Georg Leber, gegen Waffenkäufe aus Israel und Waffenverkäufe an Israel.[31]

Ben-Horin irrte, genauer: erkannte nicht die Weder-Fisch-noch-Fleisch-Haltung Brandts. Dem israelischen Finanzminister Pinhas Sapir erklärte der Kanzler am 10. Juni 1973 unumwunden: Das Auswärtige Amt verhielte sich »nach seiner Meinung, nicht ganz zu Unrecht (…) außerordentlich restriktiv. Er sei bereit, mit Verteidigungsminister Leber zu sprechen. Mehr könne er zu diesem Punkt keinesfalls sagen«.[32] Israels Vizepremier Jigal Allon gegenüber legte Brandt Wert darauf, dass seine Einschätzungen mit den Einschätzungen Scheels identisch seien.[33] Keinesfalls werde der Kanzler wegen Nahost mit seinem Koalitionspartner Scheel streiten, erklärte auch Bremens Bürgermeister Hans Koschnik, ein ausgewiesener Israel-Freund.[34] Der Bremer überbrachte die Nachricht, Brandt werde in der Waffenfrage dem Auswärtigen Amt »mit Wort und Tat zeigen, was seine Haltung Israel und seinen Problemen gegenüber« sei.[35] Welche Haltung? War das eine vermeintliche Kanzlerwende, eine Richtlinienäußerung? Kein Wort dazu. Tags darauf musste Koschnik die vermeintliche Jubelmeldung korrigieren: Brandt werde sich dieses Themas wegen keinesfalls mit Scheel überwerfen.[36] Das überraschte Ben-Horin nicht. Es war ihm inzwischen klar, dass Brandt schwach war.[37] Anders seine Chefin Golda.

Formal eingeleitet wurden die deutschen Vorbereitungen auf die Israelreise Brandts im Februar 1973. Per Fischer vom Bundeskanzleramt beauftragte am 20. Februar 1973 das Auswärtige Amt »die Vorbereitung des Besuches aufzunehmen«. [38]Noch immer sollte der zwischen Brandt und Scheel abgestimmte Termin nicht öffentlich bekanntgegeben werden.[39]

Mit Hans Koschnik stimmte sich Brandt bezüglich der offiziellen Begleitpersonen und teils auch inhaltlich am 22. Februar 1973 ab. Die besetzen Gebiete, auch Jerusalem, aufzusuchen, hatten beide

»keine Bedenken«. Dann die immer gleichen politischen Schubladen: Von den »jüdischen Bürgern« (endlich ganz normal »Bürger«, nicht »Mitbürger«) sollte Werner Nachmann, Vorsitzender des deutsch-jüdischen Zentralrats, anders als 1970 nach Warschau, eingeladen werden. Das Personal »Engagement«, Menschen, die sich besonders für Israel einsetzten wie der Bankier Walter Hesselbach, sollte ebenso wie »Junge Menschen« und Fraktionsbegleitungen daheim bleiben, Frau Brandt sollte mitkommen, was nicht selbstverständlich war.[40] Viel Inhalt war das insgesamt noch nicht.

Golda Meir schätze Brandt sehr, betonte der Botschafter erneut.[41] Die Wertschätzung war nicht wechselseitig – trotz des handschriftlichen, im Ton jedoch hölzern formalen Kanzlerglückwunschs zum 75. Geburtstag Frau Meirs im April 1973.[42] Offener und ehrlicher hatte er sechs Tage zuvor mit Jugoslawiens Staatschef Tito gesprochen. Er erwarte nicht viel von seinem Israelbesuch. »Israel ist zur Zeit besonders unbeweglich, weil nach der Sommerpause Wahlen bevorstehen. Es gibt dort militante rechte Gruppen. Frau Golda Meir selbst ist auch nicht besonders flexibel.«[43] Das war starker Tobak, denn »militante rechte Gruppen« waren in Israel zu der Zeit politisch relativ gesichts- und gewichtslos, und Golda Meir war erheblich flexibler, als es der Kanzler erwartet hatte. Das sollte er in Israel selbst erfahren. War die Reise ungenügend vorbereitet? Von ihm, Frau Meir, den Diplomaten, allen? Was sollte dann des Kanzlers unrealistische Israel-und-Meir-Schwarzmalerei?

Zaghaft darf gefragt werden: Hegte Brandt Vorurteile? »Wir haben von alters her ein gutes Verhältnis zu den Arabern, sind aber Israel gegenüber zu besonderer Ausgewogenheit verpflichtet; durch deutsche Schuld sind Millionen von Juden umgekommen. Als Junge war ich Antizionist, wie übrigens auch meine jüdischen Freunde damals. Durch den Krieg und nach dem Krieg durch Bildung des Staates Israel ist jedoch eine neue Lage entstanden.«[44] Wusste Willy nicht, dass die deutsch-arabische Freundschaft so alt nicht war, aber »von alters her«, besonders seit 1939, NS-braun war? An die »guten Beziehungen (…), die in der Vergangenheit zwischen Ägypten und Deutschland bestanden«, erinnerte zwei Tage vor Brandts Israelbesuch Kairos Außenminister Mahammed El-Zayyat gegenüber

Bonns Botschafter Steltzer.[45] Welche Vergangenheit er meinte, ließ der Ägypter offen, doch diese Floskel signalisiert im geschichtspolitischen Klartext die vermeintlich goldene braune Vergangenheit.

»Ausgewogenheit«, nicht Freundschaft strebte der Kanzler an. Er sagte es ganz offen. War diese Ausgewogenheit nur dem Holocaust geschuldet? Nur Pflichtübung? Waren Millionen Juden »umgekommen« oder wurden sie ermordet? Der Zionismus war – und ist – eine innerjüdische Angelegenheit wie z. B. das orthodoxe oder das Reformjudentum. Unwichtig, ob Brandt »Antizionist« war. Doch war das die Sprache echter Verbundenheit mit den Opfern und ihren Nachfahren? Und soll man so über Frauen in der Politik sprechen? »Ich weiß ..., dass Golda Meir als Frau darauf achten müsse, nicht als zu weich zu erscheinen.«[46] Wusste er nicht, hatte man ihn nicht informiert, dass Israels Gründungsvater Ben-Gurion (der 1963 zurückgetreten wurde), »Golda« als »den einzigen Mann im Kabinett« bezeichnet hatte? Nie hatte sie als weich gegolten, schon gar nicht als amtierende Ministerpräsidentin. Sie war sozusagen eine Vorgängerin der britischen »Eisernen Lady«.

Krieg in Sicht

Es war fünf Minuten vor zwölf. »Die Araber bereiten sich auf den totalen Krieg vor ... Sie sind bereit, Israel[47] zu vernichten, und sie haben auch die Mittel dazu«, erklärte Tito dem Kanzler. Tito schätzte die ägyptischen Kriegsvorbereitungen richtig ein, Golda Meir nicht, und Brandt hatte es hier und damals fast aus erster Hand, denn Tito verfügte seit jeher über einen quasi heißen Draht nach Kairo. Am 1. Mai 1973 sprach Brandt in Washington mit US-Präsident Nixon. Hier gab Brandt dem Amerikaner einen »Hinweis auf Titos Sorgen über die Entwicklung« in Nahost. Der hielt sich bedeckt.[48]

Sechs Tage später empfand es Brandt in einem Schreiben an Tito »für sehr nützlich«, wenn dieser Ägyptens Staatschef Anwar as-Sadat darauf »hinweisen« könnte, dass »von keiner Seite Vorbedingungen gestellt werden«. Als Vorbedingung hatte Kairo verlangt, dass sich Israel zu einem Rückzug aus der Sinai-Halbinsel und dem Gazastreifen bereit erkläre.[49] Auch Kremlchef Breschnew rechnete innerhalb der nächsten Wochen »mit dem Ausbruch von Feindseligkeiten«.[50] Ganz anders das amtliche Israel: Man »denke nicht, dass die Lage im Nahen Osten gefährlich sei«. So Golda Meirs Staatssekretär Mordechai Gazit am 7. Juni 1973.[51]

Mit Premier Heath sondierte Brandt wenige Tage vor seiner Israelreise das Nahostterrain. Der britische Premier meinte: »Die einzige Lösung wäre, dass sich Israel aus den besetzten Gebieten zurückziehe und sich die westlichen Länder vereinigten und den Arabern ein Ultimatum stellten«, damit sie »ihre wirtschaftliche Macht nicht zu politischen Handlungen missbrauchen«.[52] Mit »den Israelis« wolle er »in dieser Richtung sprechen«, gelobte der Kanzler, um, ähnlich wie Tito gegenüber, seine Israel- und Meir-Skepsis vorzutragen.[53]

Der Stand der Reisevorbereitungen lag dem Kanzler am 23. Mai vor. Er hatte die Themen genehmigt. Zwei Tage zuvor war auf einer Abteilungsleiterbesprechung alles »durchgesprochen«.[54] Das sollten die Themen sein: »Wichtige Aspekte der weltpolitischen Lage«, Nahost, Israel – EG, Wiedergutmachung, Kapitalhilfe, Investitionsförderung, Finanzielle Unterstützung der Einwanderung und Eingliederung sowjetischer Juden, Haltung Israels zur DDR, Wissenschaftliche Beziehungen, Jugendaustausch.

Reichlich abgehoben und wenig engagiert liest sich der Text. Zur Lage in Nahost »möchte Ihnen Golda Meir die israelische Auffassung unter Einbeziehung der israelischen Haltung zum Terrorismus darlegen«. Angesichts des deutschen Anti-Terror-Debakels bei der Münchner Olympiade und der Freipressung der überlebenden Mörder könnte man großes, größtes deutsches Interesse vermuten. Nichts davon. Hierzu »wird unsererseits nicht sehr viel Neues zu sagen sein, da die Zusammenarbeit zwischen Israel, den EG-Staaten und den USA auf diesem Gebiet eng ist und Golda Meir gut über unsere Überlegungen und Maßnahmen informiert ist«.[55] Realitätssinn? Ignoranz? Arroganz? Überraschende Nonchalance allemal. Friedenshilfen für Nahost? Kein Thema auf der Themenliste. Die endgültige, mit dem Auswärtigen Amt besprochene Themenliste[56] lag Brandt am 1. Juni vor.[57] Sie enthielt wortwörtlich ausformulierte, sozusagen mundgerechte Argumente der »Sie-könnten-sagen«-Art.[58] Der eigentlich die Richtlinien bestimmende Kanzler wurde ziemlich unverblümt an die außenpolitische Leine genommen. Etwa so: »Sie könnten Golda Meir nur sagen, dass …«[59] Viel zu sagen hatte er im eigenen Hause offenbar nicht (mehr).

Die von den Sachbearbeitern formulierte Einleitung strotzte vor neudeutschem Selbstbewusstsein. Wer Brandt persönlich oder aus der Literatur kennt, hört ihn anders, weniger nationaldeutsch (gar deutschnational?) sprechen. So jedenfalls nicht: »Die Bedeutung Ihres Besuchs liegt – abgesehen von der moralischen Dimension … – auch aus der rein politischen Sicht vor allem darin, dass er stattfindet. Das gilt für die Israelis, die zum ersten Mal den Besuch des Regierungschefs eines bedeutenderen Landes haben. Das gilt aber auch für uns, da Ihr Besuch unseren Beziehungen zu Israel ein Stück mehr an Selbstverständlichkeit bringen wird. Demgegenüber treten die Sachfragen in den Hintergrund.«[60]

Brauchte der Kanzler geschichts- und tagespolitischen Nachhilfeunterricht? Der Sachbearbeiter-Text lässt das vermuten. Deutschland wertet Israel auf. Geschichtliche Pietät, Demut oder wenigsten Bescheidenheit und Zurückhaltung? Fehlanzeige. »Selbstverständlichkeit«, also Normalität, Alltag. Ja, ein bisschen Geschichte. Dafür war eine Kranzniederlegung in der Jerusalemer Holocaustgedenkstätte Jad Waschem vorgesehen. Abgehakt. Dann zur Sache. Eben »Selbstverständlichkeit« – beim ersten Staatsbesuch eines amtierenden Bundeskanzlers im Jüdischen Staat. »Sachfragen« im Hintergrund. Wenigstens friedenspolitische Ideen, Brücken, Krücken? Lauter Klischeebegriffe wie eine (am liebsten »baldige«) »friedliche Lösung im Nahen Osten« – auf der Grundlage eines vollständigen Rückzugs Israels aus den – gemeint: allen – 1967 eroberten und seitdem besetzten Gebieten[61] und sich hier, weniger auftrumpfend (weil bequemer?) hinter den EG-Partnern und UNO-Entschließungen wegduckend.[62] Warum? Weil die Bundesregierung eine »Parteinahme im israelisch-arabischen Konflikt … vermeiden« wollte.[63]

»Dass auch Ägypten ein wirkliches Interesse an einer Friedensregelung besitzt«, wusste man im Kanzler- und Auswärtigen Amt seit Mitte Mai 1973 ganz genau, denn das habe der »Besuch BM (= Bundesminister) Scheel in Kairo (…) bestätigt«.[64]

Tatsächlich bestätigt haben Ägypten und Syrien die Genauigkeit der bundesdeutschen Friedensanalyse – als sie am 6. Oktober 1973 den Krieg gegen Israel begannen. Die (auf der Kanzlerreise dann eindeutig bekundete) Bereitschaft der Golda-Meir-Regierung zu sogar weitreichenden Gebietsverzichten hatte niemand in Bonn erwartet. Ja, im Kanzleramt war man über Israel blendend informiert. So gut, dass der dort nicht ganz unbekannte Botschafter Ben-Horin in der Reisevorlage als »Horin« firmierte; in der irrigen Annahme, »Ben« sei sein Vorname.[65] Eine, wenngleich bezeichnende, Winzigkeit, gemessen an der nahöstlichen Friedenseinschätzung. Dann das: Das Westjordanland wurde in diesem deutschen Papier als »jordanisch« bezeichnet.[66] Außer Pakistan und Großbritannien hatte kein Staat (auch nicht die Bundesrepublik) die 1948 durch das Königreich (damals Trans-)Jordanien vollzogene Eingliederung dieses Gebietes anerkannt. Bekommt man als braver Bürger der Bundesrepublik ob dieser analytischen Kompetenz (nur ehemaliger?) Außenpolitik nicht doch eine Art Gänsehaut?

Sehr wohl wusste man im Kanzleramt, dass Israels Beliebtheit in Afrika ab- und die arabische zugenommen hatte. Deshalb war man an deutsch-israelischen Kooperationsvorhaben in Drittländern »nicht sehr interessiert«.[67] Im Klartext: Israel wurde als Störfaktor deutscher Außen- und Wirtschaftspolitik betrachtet.

Es überrascht nicht, dass die Reisevorlage des Auswärtigen Amtes, dessen Chef Scheel im Kriegsjahr 1973 als Erster von den Friedensabsichten Ägyptens überzeugt war, ebenfalls keine Israel-Lyrik enthielt. Sachlich, analytisch (wenngleich, wie sich bald danach zeigte, falsch) war die AA-Vorlage der von Ministerialdirektor Lothar Lahn geleiteten Abteilung 3, datiert am 1. Juni 1973. Deren »Gesprächsvorschlag (Neufassung)« vom 6. Juni 1973, also unmittelbar vor Brandts Abflug, war geradezu polemisch gegenüber Israels Wunsch nach direkten Gesprächen und behauptete, »dass Verhandlungen auf dieser Basis (einer) ›imposed solution‹ gleichkämen«.[68] Lahn – den Namen merke man sich.

Von direkten Verhandlungen zwischen Israel und den arabischen Staaten versprachen sich (im sachlichen AA-Papier) die Verantwortlichen, Lahn und Helmut Redies, zumindest als Anfang des Friedensprozesses nicht viel. Hilfestellung von außen sei nötig, am sinnvollsten von der UNO und den Großmächten.[69] Genau das wollte Israel, wollte Golda Meir nicht und erkor dann Brandt zum erhofften Sesam-öffne-dich israelisch-ägyptischer Verhandlungen. Sie wählte falsch und hoffte vergebens. Begin und Dajan begingen 1977 diesen Fehler nicht. Sie suchten – und fanden – (Ver-)Mittler in der arabischen Welt.

Alles andere als demütig sprach der Kniefall-Kanzler mit Israels Botschafter kurz vor dem Abflug nach Tel Aviv. Keinesfalls solle ihm Israel Forderungen stellen. Dann nämlich müsse seine Reaktion harscher ausfallen als die Wirklichkeit. In Deutschland dürfe nicht der Eindruck entstehen, dass er in Wiedergutmachungsfragen unter Druck gesetzt worden wäre.[70] Man fühlt sich an die Brandt-Scheel'sche Angst vor israelischen »Erpressungen« erinnert, der wir im Februar 1970 begegneten. Artig, ohne auch nur intern zu murren, gab Yochanan Meroz, damals Nummer drei im israelischen Außenministerium, diese Brandt-Bitte als Anweisung dem Finanzministerium weiter.[71]

Ein Fenster zum Frieden? Brandts Besuch

Vom 7. bis 11. Juni 1973 weilte Brandt schließlich in Israel. Bereits im ersten Delegationsgespräch setzte Staatssekretär Paul Frank Akzente. In Abwesenheit der beiden Regierungschefs gab er den Ton an und die Richtung vor. Er betonte, »dass niemand, der in verantwortlicher Position mit den deutsch-israelischen Beziehungen zu tun habe, daran denke, dass die Vergangenheit vergessen werden könne. Es sei jedoch an der Zeit, die Debatte hierüber abzuschließen«.[72] Also Basta, Schlussstrich. Nach dem Schlussstrich das erneute Bekenntnis zur Ausgewogenheit deutscher Nahostpolitik.[73]

Das erste Vieraugengespräch zwischen Golda Meir und dem Kanzler fand bereits am Ankunftstag statt. Höchst präzise bat sie ihren Gast, er möge ihr doch »etwas über die verschiedenen allgemeinen und globalen Dinge erzählen«. Ja, »erzählen«. Ebenso exakt war des Kanzlers Analyse und Prognose, die zunächst der Sowjetunion galt.

Außenminister Gromyko werde wohl nicht länger in diesem Amt bleiben. (Er blieb weitere zwölf Jahre, bis 1985.) Und weiter: Parteichef Breschnew interpretiere die Watergate-Affäre als »antikommunistische Arglist gegen die Entspannungspolitik von US-Präsident Nixon«.[74] Das war zumindest originell.

Irgendwann scheint Golda Meir der Geduldsfaden gerissen zu sein. Sie erwähnte die vergeblichen Versuche – »Ceausescu, Dajan und andere«[75] –, mit Ägypten ins Gespräch zu kommen. Der Kern des Palästinenserproblems sei, dass die arabische Seite Israel vernichten wolle. Das israelische Protokoll vermerkt: »Brandt sagte, er verstehe das.«[76] Was er verstand, konnte man so und genauso anders verstehen. Faktisch hatte er nichts gesagt. Verstand er Frau Meirs Interpretation, billigte er sie oder verstand er die Palästinenser in ihrer Vernichtungsabsicht? Hatte er diese verstanden, im Sinne von »erkannt« oder hatte er sie gebilligt? Er dürfte bewusst vage geblieben und Golda Meir scheint zufrieden gewesen zu sein. Sie fügte nichts hinzu. Nur Zuckerbrot und keine Peitsche, obwohl es ihr schwergefallen sein muss.

Am selben Tag, vor der Ankunft der bundesdeutschen Delegation, hatte sie dem Holocaust-Schriftsteller und Wilnaer Widerstandskämpfer im Zweiten Weltkrieg, Abba Kovner, geschrieben: »Ich fühle die Verpflichtung, Dir vor Eintreffen des deutschen Regierungschefs in Israel zu schreiben. Ich denke an Dich. Ich habe Dich zu keiner der mit ihm vorgesehenen Begegnungen eingeladen, weil ich Dich nicht belasten wollte … Auch in Deiner Abwesenheit werde ich bei den Gesprächen … an Dich und Deine Leidensgenossen denken, mit meinem Herzen und Kopf.«[77]

Am 8. Juni fand ein zweites Delegationsgespräch statt, diesmal mit Golda Meir und Willy Brandt. Ironischerweise zeigte sich Israel da deutscher als die West-Deutschen: Man »werde in den Vereinten Nationen gegen die Aufnahme der DDR stimmen und hoffe, dass« Bonn »hierfür Verständnis« zeige,[78] bat Außenminister Abba Eban. Ja, das zeigte Bonn. Der »Herr Bundeskanzler erklärte, dass wir für die israelische Haltung zur DDR-Aufnahme Verständnis hätten«, heißt es in der bundesdeutschen Gesprächsaufzeichnung.[79] Sicher war man erleichtert, dass die Israelis nicht das Thema »Wiedergutmachung durch die DDR« auftischten, denn schon vor der Reise hatte das Kanzleramt bemerkt: »Von unserer Seite kann kein Interesse daran bestehen, die Israelis zu einer aktiven Vertretung ihrer Ansprüche gegenüber der DDR zu ermutigen.«[80] Weshalb? Das wurde nicht gesagt. Möglicherweise fürchtete Brandts Mannschaft, dass letztlich die BRD das Geld für die DDR-Brüder und -Schwestern berappen müsste.

Als man über »Friedensbemühungen« sprach, empfahl der Kanzler die UNO »als besonders geeigneten Rahmen«, was, kein Wunder, bei Golda Meir und ihren Kollegen auf taube Ohren stieß.[81] War man in Bonn so schlecht vorbereitet oder tat man nur so? Israels Wertschätzung der UNO konnte (und kann man bis heute) nur in Negativgrößen ausdrücken.

Letztlich, so Golda Meir, stehe Israel »immer alleine. Selbst mit der Haltung der USA habe Israel Enttäuschungen erlebt«.[82] Ägypten, Syrien und andere arabische Staaten würden Israel zerstören wollen. Brandt hatte ein Rezept parat und »wies darauf hin, dass es in Deutschland ebenfalls das Ziel der DDR gewesen sei, Westberlin verschwinden zu lassen. Wir hätten dem durch die Herbeiführung einer Vier-Mächte-Garantie entgegengewirkt«.[83] Soll man vom Friedensmodell des deutschen Friedenskanzlers sprechen oder boshaft fragen, ob am deutschen Wesen Nahost genesen sollte? Jedenfalls zeigte Brandt, dass Deutschland, er, wieder wer war.

Die Ministerpräsidentin wollte die deutsche Lektion nicht beherzigen: Die DDR habe Westberlin »nicht physisch« zerstören wollen. »Israel sei trotz der Absichten seiner Nachbarn gleichwohl bereit, ein Friedensabkommen, etwa mit Ägypten abzuschließen, auch wenn es nicht glaube, dass Sadat sich mit der Existenz Israels echt abgefunden habe«.[84] Golda Meir gab nichts preis. Noch nicht. Ja zum Frieden mit Ägypten, freilich »unter Wahrung aller israelischen Sicherheitsgesichtspunkte«.[85]

Was die freigegebenen deutschen Akten nicht, wohl aber die israelischen enthüllen: Tags darauf bat Golda Meir Willy Brandt um aktive Vermittlung in Kairo. Am 9. Juni fand das zweite Vieraugen-Chefgespräch statt. Diesmal wurde nur über Nahost gesprochen, und zwar präzise.[86] Die Europäische Gemeinschaft, besonders

England und Frankreich würden »die Araber« in ihrer Ablehnung bestärken, mit Israel zu verhandeln, »und das erschwert die Friedensbemühungen«. »Brandt stimmte der Einschätzung der Ministerpräsidentin zu«, heißt es im amtlich israelischen, »streng geheimen« Protokoll.[87]

»Vorzüglich« seien ihre Beziehungen »zum Nachbarn«. Gemeint war König Hussein von Jordanien, den sie getroffen habe. Für Kenner keine Überraschung, und am Oktoberkrieg 1973 beteiligte sich »der kleine König« folgerichtig nicht. Historisch Kundige wissen allerdings auch, dass solche Begegnungen keineswegs immer Kriegsbeteiligungen verhinderten. 1948, kurz vor Ausbruch des Krieges, hatte Golda Meir Husseins Großvater getroffen, König Abdallah. Er bedauerte den Konflikt mit Israel, das er dann doch angriff, und dabei kassierte er zugleich das den Palästinensern im November 1947 von der UNO zugesprochene Westjordanland, einschließlich Ost-Jerusalems.

Dann ließ Golda Meir die Katze aus dem Sack: Der Kanzler könne »Sadat sagen, dass er, Brandt, davon überzeugt sei, dass wir Frieden wollen, *denn wir wollen nicht ganz Sinai oder halb Sinai oder den Sinai-Großteil*«. Er könne Sadat verdeutlichen, dass »wir ihn zunächst nicht um öffentlich sichtbare Verhandlungen bitten. Wir sind bereit, Geheimverhandlungen zu beginnen«.[88]

Ihre Bitte an Brandt: Er, er persönlich, solle Sadat die israelische Botschaft nahebringen. Ebenso klar war dies: Golda Meir vertraute den Großmächten (und erst recht der UNO) nicht (mehr). Seit Jahren hatten diese getagt und geredet und waren gescheitert. Bilateral wollte sie mit Ägypten, der damaligen Zentralmacht Arabiens, einen bzw. den Friedensprozess einleiten.

»Ganz allgemein«, skizzierte Golda Meir, »unsere Haltung zur Grenzfrage«. Eine »Rückkehr« zu den Positionen vom 4. Juni (=1967) sei Jordanien, Syrien und Ägypten gegenüber ausgeschlossen.[89] Nebenbei: Sie sprach, damals Israel-üblich, von einer Rückgabe an Jordanien, nicht Palästina und schloss: »Die Grenze muss zwischen den Linien vom 4. Juni und denen des [damaligen] Waffenstillstands liegen. Über die Festsetzung dieser Linien können wir verhandeln.«[90]

Brandt verpflichtete sich zu nichts – gemäß der israelischen Gesprächsaufzeichnung. Die deutsche ist (noch?) nicht zugänglich, oder es gibt keine.[91] Man darf jedoch vermuten, dass er schwieg. Das israelische Protokoll hätte, schon aus professionell sachlichen Gründen, seine Antwort niederschreiben müssen.

Hatte sich Brandt nicht getraut, Golda Meir zu fragen oder ihr gar zu widersprechen? Der Eindruck drängt sich beinahe auf, wenn man das Gesprächsprotokoll mit Vizepremier Jigal Allon liest. Ja, er, Brandt, habe in seinen Gesprächen mit Golda Meir den Eindruck gewonnen, dass Israel Frieden wolle, sie aber – anders als er und Scheel – den Absichten der Ägypter und Araber misstraue. Einerseits erwähnte Brandt, Ägypten sei zu Territorialkompromissen bereit, andererseits sah er hier eine »große Kluft« zwischen Kairo und Jerusalem.[92] Seltsam, denn Golda Meir hatte ihm tags zuvor ihre weitgehende Flexibilität bekundet. Hatte er das überhört, vergessen, absichtlich nicht erwähnt, war er unkonzentriert, hatte er an anderes gedacht? Einige Kanzlerbemerkungen wirken merkwürdig wirklichkeitsfremd und -fern.

Ob Brandt jenseits der Territorialfragen etwa im Bereich Tourismus und Regionalentwicklung größere Möglichkeiten einer israelisch-ägyptischen Zusammenarbeit sehe, wollte Allon wissen. Ja, meinte Brandt. Welche, fragte Allon. »Er könne keine Beispiele nennen, aber es könne sein, dass es um diese Themen gehe.«[93] Wo weilten Brandts Gedanken? Er wirkte peinlich abwesend.

Präsent und frisch wirkte er am Abschiedstag, am 11. Juni, auf dem Weg zum Flughafen. Er fragte Frau Meir, wie er vorgehen solle, wenn er ihr etwas Sensibles unter Umgehung der üblichen Bürokratie mitteilen wolle. Kein Problem, meinte Israels Premier. Alles, was er dem Botschafter (Israels) direkt übergebe, erreiche sie persönlich und umgekehrt ihn.[94]

Staatssekretär Frank hatte auch noch etwas auf dem Herzen: Hafez Ismail, Sadats Sicherheitsberater, habe ihm gesagt, Israel müsse entscheiden, ob es ein Mittelmeerstaat sei. Was das bedeute, fragte Frau Meir. »Er stotterte und sagte nichts Klares«, vermerkt genüsslich das Protokoll – wahrscheinlich nach persönlichem Diktat der Ministerpräsidentin.[95]

Frank befand man in Jerusalem für zu leicht, Brandt immer noch als Schwergewicht. Golda Meir setzte ihre friedenspolitische Hoffnung weiterhin auf ihn. Er, nur er, sollte die Dinge ins Laufen bringen. Sie ließ anordnen, dass »Dinge« aus dem Büro des Bundeskanzlers nicht über den regulären Kanal des Außenministeriums, also allein über die Botschaft, sondern via Mossad gehen sollten.[96] Dies hätten sie und der Kanzler vereinbart.

Von der Friedensinitiative zum Krieg

Am 21. Juni, zehn Tage nach seiner Rückkehr aus Israel, traf Brandt Frankreichs Präsidenten Pompidou auf Schloss Gymnich und informierte ihn »vertraulich«.[97] Brandt war wie verwandelt. Es sei die »schwerste Reise gewesen, die er als Bundeskanzler unternommen habe. Allerdings hätten die Verantwortlichen in Israel ihm seine Aufgabe unendlich leichtgemacht«.[98] Kein böses Wort mehr über die Genossin. »Er sei überrascht gewesen, wie stark in Israel der Wille sei – nicht nur bei Golda Meir – zu einem Ausgleich zu kommen, wenn dies nur irgendwie gehe.«[99] »Vor Tische«, vor seiner Reise, »las man's anders«.

Ganz ins Vertrauen zog Brandt Frankreichs Präsidenten doch nicht. Nur sozusagen halb, wie angeblich die Regierungschefin ihn: »Halb öffentlich habe Golda Meir ihm gesagt, Israel sei zu einem Kompromiss bereit. Ob dies in eine so labile Lage, wie sie in Kairo herrsche, passe, wisse er nicht ... Er habe es abgelehnt, auch wenn man es ihm angetragen habe, Mittlerfunktionen zu übernehmen, weil dies die deutschen Möglichkeiten übersteige. Er habe aber seine Bereitschaft erklärt, als Übermittler der Standpunkte tätig zu werden. Golda Meir habe dazu geäußert, sie sei nicht sicher, ob bei solchem Vorhaben irgendetwas herauskäme. Immerhin hätte man über Rumänien und Jugoslawien dergleichen schon versucht. Auch er selbst sei in dieser Frage nicht besonders optimistisch.«[100]

Pessimistisch zeigte sich Pompidou bezüglich der arabischen und israelischen Seite. Jerusalem trete zwar »neuerdings gemäßigter« auf, aber schon bald rechnete er auch bei den Israelis mit »einer weiteren Verhärtung«.[101]

Nun schwankte Brandt und schwenkte um: »Pessimismus sei hier durchaus am Platz.« Dann wieder dies: »Es gebe aber Ansätze zu Optimismus, falls Sadat bleibe.«[102]

Sadat blieb. Nichts blieb von Israels Friedensinitiative. Am 9. Juni hatte die israelische Regierungschefin zu Brandt wörtlich gesagt: »Rufen Sie Ismail zu sich und sagen Sie ihm, er solle mit uns reden.«[103] Das Anliegen, das von Meir als Chefsache geplant, erhofft und erbeten worden war, verwandelte Brandt zum unverbindlichen Behörden- und Beamtenakt. Er übergab an Staatssekretär Paul Frank, seit 1950 Urgestein des Auswärtigen Amtes und einer der Bonner Schlüsselfiguren der Neuen Ostpolitik. Ein Mann also mit erfolgreicher Vergangenheit.

Israel-Stimmungen und -Schwingungen im Auswärtigen Amt

Paul Frank war derjenige, der die Frage nach dem Mittelmeerstaat gestellt hatte und auf die Nachfrage, was das zu bedeuten habe, nichts Klares antworten konnte. Dass sich ausgerechnet Paul Frank, den Jerusalems resolute Regierungschefin nach seiner Hafez-Ismail-Belehrung auf die Plätze verwiesen hatte, nun für ihre Initiative einsetzen würde, war nicht zu erwarten.

Aber schon Franks frühe Positionspapiere, die er (noch als Ministerialdirektor) am 22. Oktober 1969, vor der Vereidigung der neuen SPD-FDP-Regierung, sowie seine Kabinettsvorlage, die er dem neuen Kabinett am 13. November 1969 vorgelegt hatte, waren strategisch bemerkenswert und wiesen Distanz zu Israel auf.[104] Dass in der arabischen Welt »von der Achse Washington–Bonn–Tel Aviv« gesprochen werde,[105] missfiel ihm offenkundig, und die deutsche Finanzhilfe an Israel nannte er »unproportional«.[106] Folgerichtig seine Zielsetzung: eine größere »Gleichgewichtigkeit unserer Wirtschaftshilfe für arabische Staaten und Israel«.[107] Seine Empfehlungen ans Bundeskabinett im Hinblick auf die arabischen Staaten waren nicht so diplomatisch unterkühlt: »Es ist für die Bundesrepublik auf die Dauer unerträglich, in so einer wichtigen Region … nicht ausreichend vertreten zu sein.«[108] Für Frank war Israel ein Störfaktor der deutsch-arabischen Beziehungen.

Mit dem Ergebnis seiner Oberen konnte Frank zufrieden sein. Unausgesprochen folgten sie weitgehend seinen Empfehlungen. Das eingangs erwähnte Kabinettsgespräch vom 11. Februar 1970 beweist es.[109]

Nicht alle bundesdeutschen Diplomaten schlugen Israel gegenüber freundschaftliche Töne an. Klaus Blech, damals Vortragender Legationsrat I. Klasse, fürchtete im ostpolitischen Zusammenhang, »die Israelis« würden »sich an uns schadlos halten«.[110] »Die« Israelis, »die« Deutschen, die, die, die. War das seriöse Analyse? Doch klang es wesentlich anders als Willy Brandts 1970 geäußerte Befürchtung vor israelischer »Erpressung«? War das der Israel-Geist der sozialliberalen Koalition?

»Bei der uns anhängenden proisraelischen Haltung« sah Botschafter Johann Lankes, Beirut, die deutsche Position in Nahost pessimistisch. Deshalb »bedeutet Ausgeglichenheit eine Wandlung, eine begrüßenswerte Korrektur«.[111] Der Botschafter atmete er auf: »Wir haben den Eindruck verankert, dass wir an den Problemen der Region künftig stärker Anteil nehmen werden. Im Augenblick des Bundeskanzlerbesuchs in Israel ist diese von uns zurückgelassene Überzeugung hilfreich; für die Zukunft ist sie eine Verpflichtung.«[112] Empfand er die Kanzlerreise als Stör- und die bundesdeutsche Diplomatie (»wir«) als Korrekturfaktor?

Verpatzt

Ende Juni informierte Brandt Meir, »in naher Zukunft« werde eine »hochstehende Persönlichkeit in Kairo eine Mitteilung übergeben«.[113] Ganz klar, er meinte den Verhandlungsvorschlag, die Friedensinitiative, der Ministerpräsidentin. Zuvor hatte er »befreundete Staatsmänner« aus den USA, Frankreich und der Sowjetunion über seine »positiven Eindrücke« bezüglich des israelischen Friedenswillens informiert: Nixon, Pompidou und – seit wann und wodurch ohne diplomatische Beziehungen mit Israel »befreundet«? – Leonid Breschnew. Brandt hoffte, »all das diene dazu, Friedensgespräche in Gang zu setzen«.[114] Das war sicher auch deshalb nicht zu erwarten, weil der Kanzler einen krassen Kunstfehler beging. Er hob zwar Israels Bereitschaft zu nahöstlicher Wirtschaftskooperation hervor, nicht jedoch Golda Meirs ausdrücklich bekundete gebietspolitische Nachgiebigkeit.[115]

Vier Monate später griff Ägypten (mit Syrien) Israel an. Brandt hatte den Trumpf für den Frieden in der Hand gehabt, Golda Meirs Konzessionen. Er verspielte ihn, indem er die Großmächte (weshalb Frankreich und nicht Großbritannien?) – eher nebenbei – zu aktivieren versuchte. Am Ende waren Spatz und Taube weggeflogen. Das ist die eine Seite. Die andere: Brandt tat genau das, was Golda Meir ursprünglich vermeiden wollte. Er brachte die Großmächte ins Spiel. Soll man das als Sabotage, Gedankenlosigkeit, Fahrlässigkeit, Unfähigkeit bezeichnen?

Im Auswärtigen Amt wollte nicht nur die Führungsebene einen geschichtspolitischen Schlussstrich – oder eher an die »traditionelle deutsch-arabische Freundschaft« der Zeit von 1939 bis 1945 anknüpfen. Wer im Auswärtigen Amt war sich dieser geschichtspolitischen Brauntönung bewusst? Ob es ein Bewusstsein dafür gab oder nicht, diese Formel entwickelte damals, wie heute, ihre tagespolitische Eigendynamik. Friedensfördend wirkt(e) sie nicht in Nahost. Das zeigte sich in Kairo am 1. Juli 1973.

Ministerialdirektor Lothar Lahn erfuhr es. Derselbe Lothar Lahn, dessen Abteilung vor der Kanzlerreise direkte Verhandlungen als durch Israel auferlegte (»imposed«) Lösung bezeichnet, keine Gebietskompromisse Israels erwartet, Israels Politik fast bösartig kommentiert und Ägyptens Friedensabsicht gepriesen hatte.[116] Derselbe Lothar Lahn flog nach Ägypten, weil Staatssekretär Frank in der Schweiz weilte. Der Herr Staatssekretär konnte »den von seinen Ärzten verordneten Urlaub nicht unterbrechen«[117] und bat über den deutschen Botschafter Sadats Sicherheitsberater Hafez Ismail zu ihm zu kommen. Ismail lehnte ab. Der Frieden sollte nicht auf Franks Urlaubsende warten. Nun wurde ausgerechnet Lahn beauftragt, und so verkümmerte, nein, scheiterte Golda Meirs Initiative. Vom Kanzler über den Staatssekretär zum Ministerialdirektor wurde sie gesichts-, gewichts- und bedeutungslos. Der deutsche Beamte, der Brandt und Frank nach Israel begleitet hatte, wurde vom ägyptischen Berater regelrecht abserviert.

Das lag auch daran, dass Lahn das israelische Friedensangebot erkennbar widerwillig überbrachte. Warum wohl? Er selbst beschrieb es so: »Dabei betonte ich, dass ich diese Mitteilung lediglich als Bote überbringe, ohne selbst zu ihr Stellung zu nehmen.«[118] Klarer konnte keine Botschaft sein: Brandt, Bonn und Bonns Bürokraten erfüllten eine ihnen eher lästige Pflicht. Israel hatte gebeten, Ägypten gehört. Ausgewogenheit? Ja. Friedenspolitischer Einsatz? Fehlanzeige.

Lahns Friedenseinsatz fehlte – wenig überraschend – das innere Feuer Ismails, der unverblümt und ungeschützt, verklausuliert, doch deutlich, ja, eindeutig arabisches Kriegsfeuer ankündigte. Da sowohl der Westen als auch die Sowjetunion an Nahost desinteressiert seien, »dürfe man die arabischen Länder auch nicht hindern, die Lösung ihrer Schicksalsfrage notfalls auch mit militärischen Mitteln selbst in die Hand zu nehmen … Zu Kämpfen werde es früher oder später ohnehin kommen müssen, wenn eine politische Lösung nicht gefunden würde«.[119] Eine politische Lösung, die er justament ausgeschlagen und für die sich Brandt-Frank-Lahn nicht wirklich eingesetzt hatten. Lahn selbst informierte in Bonn Israels Botschafter, ohne jegliche Schönfärbung, über das Scheitern seiner »Botendienste«.[120]

Einen Erfolg konnte Deutschlands Diplomat dennoch vermelden: »Im Gegensatz zu seiner kritischen Haltung gegenüber dem Nahostkonflikt im Allgemeinen fand er [=Ismail; MW] einige positive Seiten in der Entwicklung der deutsch-ägyptischen Beziehungen.«[121] So hatte Frau Meirs Friedensgeste, welcher der Nahostkrieg folgte, wenigstens etwas Gutes – für Deutschland.

Des Kanzlers Reaktion? Er ließ dem Auswärtigen Amt seinen »Wunsch« übermitteln, »dass nach den Gesprächen von MD Lahn in Kairo bis auf Weiteres nichts in dieser Sache (…) unternommen wird«.[122] Vorhang zu.

Die, seine, Nahost-Friedenschance hatte der Friedenskanzler durch den Einsatz politischer und, schlimmer noch, analytischer Leichtgewichte leichtfertig verspielt. Lahn, Brandts Emissär, fehlte nahöstliches Wissen und der Glaube an Israels Konzessionsbereitschaft. Wie hätte ausgerechnet er eine friedenspolitische Wende einleiten können, wollen, sollen?

Zwei Tage vor Kriegsausbruch dilettierte Brandt noch einmal nahostpolitisch. Den fernöstlich japanischen Premier, Kakuei Tanaka, bat er »um deutsch-japanische Kontakte auch in der Behandlung des Nahost-Problems«.[123] Er, Brandt, hatte den Schlüssel in der Hand. Suchte er ausgerechnet in Japan das Schlüsselloch? Was, wo war der nahostpolitische Realitätssinn des ostpolitisch so erfolgreichen, weil zupackenden Kanzlers?

Wie reagierte Golda Meir? Freundlich, dankbar, souverän, geradezu umschmeichelnd. Aus Überzeugung? Das verrät das Papier nicht. Sie bedankte sich für die Übermittlung ihrer friedenspolitischen Absichten an Präsident Nixon, Generalsekretär Breschnew (sic) »und andere Staatsmänner« (Pompidou nannte sie nicht). »Ihre Entscheidung, Ägypten über diese Gefühle (sic) zu informieren, ist besonders begrüßenswert. Ich bedauere es, dass die unmittelbare ägyptische Reaktion auf Ihre Initiative so negativ war.«[124] Sogar als Kanzler-Initiative stellte sie ihre Friedensgeste dar. Freundlicher (auch ehrlich?) ging es nicht.

Aber geheim bleiben sollte der Briefwechsel. Darauf bestand Mordechai Gazit, Meirs Bürochef, gegenüber Botschafter Ben-Horin.[125] Trotz seines Fehlschlags pflegte Golda Meir den »vertraulichen und persönlichen« Kontakt zum Kanzler weiter. Nachdem ihre Luftwaffe ein aus dem Libanon kommendes »arabisches Flugzeug« nach Israel »umgeleitet« hatte, um den »ruchlosesten arabischen Terroristen« Georges Habasch gefangen zu nehmen, kontaktierte sie Brandt persönlich. Sein Wohlwollen war ihr wichtig, denn der UNO-Sicherheitsrat hatte das israelische Vorgehen verurteilt.[126] Nein, Golda Meir zeigte Brandt gegenüber keine Verstimmung, und ihr Bürochef Gazit bereitete Botschafter Ben-Horin auf weitere Geheimdepeschen via Mossad vor.[127] Dieser Kanal war sonst nur als Chefsache zwischen Jerusalem und dem Weißen Haus üblich.

Meirs Freundlichkeit hatte jenseits der gescheiterten Friedensinitiative einen handfesten Grund: Jerusalem hoffte auf Bonner Unterstützung bei Verhandlungen über ein neues, für Israel günstigeres, Abkommen mit der Europäischen Gemeinschaft.[128] Nach Rücksprache mit Außenminister Scheel war Brandts geheime Antwort äußerst kühl. »Im Herbst« werde man »die Angelegenheit im einzelnen (…)

besprechen. Ich hoffe, dass dann eine im Rahmen unserer Möglichkeiten liegende Lösung gefunden werden kann.«[129] Kein Versprechen, keine angekündigte Kraftanstrengung, fast nichts.

Botschafter Ben-Horin war viel skeptischer – und damit realistischer – als seine Chefin: Die Bundesrepublik trete international immer selbstsicherer auf und werde in der UNO ggf. auch antiisraelische Entschließungen mittragen. Vor allem das Auswärtige Amt dränge. »Die Entscheidungskraft von Brandt war innenpolitischen Gegenkräften gegenüber nie stark.«[130] Im Klartext: Er hielt den Kanzler für einen Schwächling, der, so seine Vorhersage, noch schwächer würde.[131] 1973/74 meinten viele, auch in seiner unmittelbaren Umgebung, er sei nur noch »Willy Wolke«, also völlig abgehoben. Das Ziel von Ausgewogenheit und Normalität jedenfalls schien ihm offenbar gefährdet, wenn er sich persönlich für Meirs Friedensinitiative einsetzte. Nur so lässt sich die Tatsache erklären, dass er ihre Chefsache zur engagementfreien Diplomatenmission verkümmern ließ.

Heute wissen wir: Es war eine, wenn nicht sogar die letzte Möglichkeit, den Jom-Kippur-Krieg zu verhindern. Das konnte der Kanzler nicht wissen. Seines weltpolitischen Gewichts, seines enormen Ansehens als »der« Friedenspolitiker seiner Zeit war er sich bewusst, und er hatte Golda Meir noch im November 1971 versprochen, »mit ganzer Kraft einer Politik der Friedenssicherung zu dienen«. Diesen starken Worten folgten nahostpolitisch schwache Taten.

Subjektiv trifft Brandt an diesem Krieg keine Unterlassungsschuld. Und objektiv? O ja. Jenseits der Schuldfrage beging der Kanzler einen krassen Fehler: Er entwertete Jerusalems außergewöhnliche Initiative, indem er sie, anders als erbeten, der alltäglichen Routine von Berufsdiplomaten überließ. Schwerwiegender: Er bezog, anders als von Golda Meir gewollt, die Großmächte mit ein. Damit hat er Israels Führung vielleicht nicht subjektiv, doch objektiv getäuscht. Friedenskanzler Brandt hat 1973 den Nahostkrieg nicht verhindert. Er hätte es gekonnt.

Und Ägypten? Es hätte 1973 ohne Krieg bekommen, was es mit Krieg nach dem Krieg von Frau Meirs Nach-Nachfolger Menachem Begin bekam: Land für Frieden. Das lag auch daran, dass sowohl

Begin als auch Sadat 1977 ihre zweiseitigen Kontakte zunächst ohne die Großmächte und hinter deren Rücken, ohne mehr oder weniger »geschickte Gesandte« bzw. Überbringer, aufnahmen.

Willy Brandt zog im Juni 1973 dieses Fazit seiner Israelreise: Sie »mag auch ein Beitrag zum äußeren Frieden der Mittelmeerregion sein«.[132] So kann man sich irren.

Krieg und Atomalarm

Am 25. Oktober 1973 bezogen an der Grenze zur DDR und ČSSR US-Soldaten Stellung. Kurz zuvor stand Israel vor seiner Auslöschung. Am 6. Oktober 1973, am höchsten jüdischen Feiertag, dem »Versöhnungstag« (Jom Kippur), griffen Ägypten und Syrien das Land völlig überraschend an. Eine Woche später hatte es sich noch nicht aus der lebensgefährlichen Umklammerung gelöst. Die Verluste an Menschen und Material waren enorm. Bis zum 13. Oktober stand es für Israel »Spitz auf Knopf«. »Sein oder nicht sein«, das war die Frage.

Endlich reagierte die Nixon-Kissinger-Administration in Washington und baute eine massive Luft- und Seebrücke auf, die überlebensnotwendiges Kriegsmaterial nach Israel brachte und das Blatt wendete. Nun begann Israel seine Gegenoffensive. Elf Tage später standen General Ariel Scharons Truppen rund einhundert Kilometer vor Kairo, und auf den Golanhöhen rollten Israels Artillerie und Panzer gen Damaskus. Am 22. Oktober 1973 hatten die USA und die Sowjetunion im UNO-Sicherheitsrat einen Waffenstillstand durchgesetzt. Aus der fast totalen militärischen Niederlage wurde für Ägypten und Syrien ein psychologischer und politischer Sieg. Es war, rückblickend betrachtet, der Anfang des von den USA, genauer: Henry Kissinger eingeleiteten und dann von Sadat und Israels Premier Menachem Begin intensivierten und bis 1982 abgeschlossenen Friedensprozesses zwischen Kairo und Jerusalem. Die gesamte Sinai-Halbinsel war wieder unter ägyptischer Kontrolle, und Syrien erhielt auch ohne Friedensvertrag Teile des Golan zurück. So weit die bekannte Rahmenhandlung.

Weniger und nur wenigen bekannt ist die Schlüsselrolle von Willy Brandt (SPD) und Walter Scheel (FDP) vor und während des Jom-Kippur-Krieges, der Beinahe-Atomkrieg der Weltmächte USA–Sowjetunion und die Illoyalität der Sozialliberalen Koalition gegenüber der US-Schutzmacht in dieser explosiven Situation. Neue Schlüsseldokumente aus Deutschland und Israel zeichnen ein aufregendes Bild.

Kanzler Brandt an die Leine – Das Opfer als Täter

Zwei Tage vor Ausbruch des Jom-Kippur-Krieges, am 4. Oktober 1973, tat Brandt so, als hätte es die israelische Friedensinitiative Golda Meirs – die er vergeigt hatte – nie gegeben. Israel müsse »bestimmte Positionen« nach den unmittelbar bevorstehenden Wahlen »überprüfen«, erklärte er dem japanischen Ministerpräsidenten Tanaka.[1] Wollte er damit nicht zuletzt dem von Walter Scheel (FDP) manchmal gegen den Kanzler geführten, zu Israel auf große Distanz gehenden Auswärtigen Amt beweisen, dass er auch israelkritisch sprechen konnte? Dort war nach der Rede Brandts vor der UNO-Vollversammlung am 26. September, im Gleichklang mit arabischen Reaktionen, Alarm geschlagen worden. Weshalb? Der Kanzler hatte direkte Gespräche zwischen Israel und seinen Nachbarn befürwortet. Einen Tag später äußerte sich Ägyptens Außenstaatssekretär Mustafa Khalil bestürzt.[2] Ebenso der uns bekannte AA-Ministerialdirektor Lahn. »Die VN-Rede des Herrn Bundeskanzlers« habe in der arabischen Welt »einen erheblichen« Schock« bewirkt. Sie bedeute »ein völliges Einschwenken auf die israelische Line.«[3] Das alamierte Lahn.

Dass direkte Friedensgespräche Parteinahme für die eine oder andere Seite wären, mag verstehen, wer will. Jeder versteht jedoch, dass Bundeskanzler und Auswärtiges Amt zwei verschiedene Nahostsprachen benutzten. Das erkannte und benannte auch der Außenamtsmann: »Unerfreulich ist auch der weiterhin [gemeint: weithin; MW] entstandene Eindruck, dass innerhalb der Bundesregierung das Bundeskanzleramt und das Auswärtige Amt eine unterschiedliche Nahostpolitik verfolgen …« Es wäre zu begrüßen, so Lahn an seinen Staatssekretär Paul Frank, »wenn der Herr Bundeskanzler … das Auswärtige Amt ermächtigen würde, zu erklären«, dass er der AA-»Sprachregelung ausdrücklich zustimmt«.[4] Im Klartext: Der Kanzler sollte an die AA-Leine gelegt werden. Bei der Sabotage von Meirs Friedensinitiative war das ja gelungen.

Dass die Außenamtssicht auf die Nahostsituation nicht ganz der Wirklichkeit entsprach, war zwei Tage später erkennbar: In der Deutschen Botschaft Damaskus wurde – am Tag des ägyptisch-syrischen Überfalls auf Israel – »an der Golan-Front« umgekehrt ein israelischer Angriff auf Syrien erwartet. Die Deutsche Botschaft in Kairo war nicht weniger hell- und klarsichtig. Ägyptische »Truppenbewegungen ostwärts«, also Richtung Israel, wurden als »vorsorgliche Verteidigungsmaßnahmen« gegen Israel verstanden.[5] Konnten Fehleinschätzungen krasser sein? Trotzdem war man auch danach im Auswärtigen Amt von keinen analytischen und politischen Selbstzweifeln angekränkelt. Doch greifen wir nicht vor.

Krieg in Nahost: Israel am Ende?

Am 8. Oktober, zwei Tage nach dem ägyptisch-syrischen Überfall, hing Israel nur noch an einem seidenen Lebensfaden. Außenminister Scheel traf in Bonn, gemeinsam mit Staatssekretär Frank und dem Leiter seiner Nahostabteilung, arabische Botschafter. »Den jetzigen Krieg habe (die) arabische Seite nicht angefangen«, verkündete eingangs der Jordanier.[6] Obwohl faktisch falsch, widersprach kein Deutscher. »Der Bundesminister gab [dem] jordanischen Botschafter recht, nämlich, dass der jetzige Konflikt nicht nur die unmittelbar Betroffenen, sondern alle angehe. [Die] Bundesrepublik habe immer eine neutrale Haltung im Nahost-Konflikt eingenommen.«[7] Offenbar galt diese Neutralität auch einem damals möglichen Untergang Israels.

Ganz unglücklich über den kriegerischen Gang der Dinge klang Scheel nicht: Der »Dauer-Zustand des Nicht-Krieges sei sehr unbefriedigend gewesen«. Wollte er sagen, dass Krieg besser als Nicht-Krieg wäre? Es »müsse eine endgültige, dauerhafte und gerechte Regelung gefunden werden«.[8] Allerdings. Doch wie? An jenem 8. Oktober 1973 sah es eher nach einer auslöschenden »Endlösung« Israels aus.

Fünf Minuten nach den arabischen Botschaftern traf Scheel Israels Repräsentanten. Nun schlug er einen anderen Ton an: Er betrachte die »Entwicklung« (er sprach nicht vom »Krieg«) »mit Bestürzung und Sorge ... Wir versuchen alles, um einen baldigen Frieden zu bekommen ... Jede Stunde Krieg sei eine schlimme Sache«.[9] »Alles« für den Frieden hatte Scheel versprochen. Was? Er wolle auf eine »sofortige Feuereinstellung und Friedensaktionen hinarbeiten«.[10] Wie, mit welchem Ziel, auf wessen Initiative? Eine »Initiative« könne die Bundesregierung »nicht ergreifen«, hatte Scheel den arabischen Botschaftern erläutert.[11] Sie wollte es gar nicht.

Wollte der Kanzler? Er wollte vor allem sinnieren. Zum Beispiel am 13. Oktober: »Brandt macht sich Sorgen um Israels Situation in diesem schweren Krieg«, berichtete Israels Diplomat Jitzak Ben-Ari seinen Vorgesetzten nach einem Gespräch mit dem Büroleiter des Kanzlers.[12] Noch konnte er sinnieren, bald musste er agieren, denn die USA begannen an ebendiesem Tag mit der Luftbrücke, um Israel mit Waffen zu versorgen.

Eine Woche nach dem ägyptisch-syrischen Überfall stand Israel immer noch mit dem Rücken zur Wand, zumal die Sowjetunion begonnen hatte, die Kriegsgegner Israels mit Flugzeugen und anderem militärischem Nachschub zu versorgen.[13] Waffen lieferte nun ihrerseits auch die Nixon/Kissinger-Administration aus den USA via Azoren (Portugal) über Luft und Wasser an Israel. Sie zog sie – ohne Vorankündigung – auch aus der Bundesrepublik ab. Am 16. Oktober gab Scheel US-Botschafter Martin Hillenbrand trotz seiner Verärgerung über den amerikanischen Alleingang Grünes Licht. Deutschland zeige »besonderes Verständnis für die besondere Rolle seines Hauptverbündeten«.[14] Das entsprach auch den sinnierenden Sorgen Brandts.

Scheels Sorgen galten weniger der Strategie für Israels Überleben, als etwa dieser taktischen Frage: »Wie soll man die Tatsache dieser Transporte der Öffentlichkeit und den arabischen Ländern am besten erklären?«[15] Ehrlich währt am längsten. An dieser deutschen Volksweisheit orientierte sich der deutsche Außenminister und dokumentierte zugleich die Festigkeit und Aufrichtigkeit der deutsch-arabischen Freundschaft: »Was die arabischen Staaten angehe, so wollten wir sie nicht über den Umfang der amerikanischen Lieferungen aus der Bundesrepublik Deutschland unterrichten.«[16]

Scheel wäre nicht die Personifizierung bundesdeutscher Nahost-»Ausgewogenheit« gewesen, hätte er nicht dem Amerikaner andeutungsweise, doch eindeutig zu verstehen gegeben, dass Washington eigentlich Druck auf Israel ausüben solle. Es »sei richtig, dass die USA Israel nicht zwingen könnten und dass die amerikanische Innenpolitik dem Handeln der amerikanischen Regierung in dieser Richtung auch gewisse Grenzen setze«.[17] Im Klartext: »Die« US-Juden diktierten die Nahostpolitik Amerikas. Ein immergrünes politisches Märchen, eine sicher ungewollte Variante der »Protokolle der Weisen von Zion«.

Schützenhilfe bekam Scheel (FDP) am 18. Oktober von (so der Sozialdemokrat Herbert Wehner) »Pietcong« Erhard Eppler (SPD), dem Bundesminister für wirtschaftliche Zusammenarbeit. Kurzerhand setzte der fromme Mann das jährliche Darlehen Bonns an Israel aus. »Wo geschossen wird, keine Unterstützung.«[18] Basta.

Rettung: die US-Luftbrücke

Am 13. Oktober ging Israel von der Defensive in die Offensive über. General Ariel Scharon errichtete am 16. Oktober einen Brückenkopf am Westufer des Suezkanals. Seine Streitkräfte rückten schnellstens vor die Tore Kairos. »Zahal«, Israels Armee, rückte auch immer näher auf Damaskus vor. Ägypten und Syrien standen vor dem totalen militärischen Zusammenbruch. Dieser hätte den Rückweg zur Politik verbaut. Deshalb beschloss der UNO-Sicherheitsrat am 22. Oktober 1973 einen Waffenstillstand, der unverzüglich in Kraft treten sollte. Sollte, aber bis zum 25. Oktober 1973 an der ägyptischen und bis Mai 1974 an der syrischen Front nicht ist. Trotzdem verlangte Außenstaatssekretär Frank am 24. Oktober vom US-Gesandten Frank Cash in Bonn das Ende der US-Waffenlieferungen »unter Benutzung des Territoriums der Bundesrepublik Deutschland«.[19]

Frank empörte sich: »Heute erfahre die Bundesregierung mehr oder weniger durch Zufall, dass gestern ein mit Panzern beladener israelischer Frachter Bremerhaven verlassen habe, dass ein zweites israelisches Schiff morgen, ebenfalls mit amerikanischen Waffen beladen, Bremerhaven verlassen wolle, und dass in Nordenham ein drittes israelisches Schiff liege, das Munition laden solle. Diese ganze Operation werde offenbar ohne Befragung deutscher Regierungsstellen durchgeführt. Die Bundesregierung sei über diesen Vorgang äußerst beunruhigt. Entweder handele es sich um eine politische Instinktlosigkeit, wenn Schiffe eines kriegführenden Staates für diese Waffenlieferungen benutzt würden, oder aber um die Absicht, die Bundesregierun trotz ihrer erklärten Neutralität in diesen Konflikt zu involvieren.« Die USA mögen »die Operation sofort einstellen«.[20] Ihm »sträubten sich die Haare«. Weitere, eher undiplomatische Formulierungen fielen Frank ein.[21] Ein Riesenkrach also zwischen Bonn und Washington. Das Auswärtige Amt brüllte, das Kanzleramt schwieg und hatte das Auswärtige Amt, vor dem Gespräch Frank–Cash, ebenfalls am 24. Oktober wissen lassen, weder der Kanzler »noch auch Bundesminister [der Verteidigung; MW] Leber noch irgendwelche Stellen hätten« dem Beladen israelischer Schiffe eine »Clearance gegeben«.[22]

Vor allem eine Sorge trieb den deutschen Außenminister: »Wie könnten wir nun den Arabern erklären, dass wir den Schiffen ihres Kriegsgegners« für Waffenladungen »Einlass in unsere Häfen gäben«?[23] Wäre Bonn damit einverstanden, dass statt der israelischen US-Schiffe kämen, fragte der Amerikaner. »Nein, seit dem Waffenstillstand sei die Situation doch anders. Am 16.10.«, als Israel mit dem Rücken zur Wand stand, »hätten wir wegen der Notsituation beide Augen zugedrückt«.

Ob denn der Waffenstillstand tatsächlich eingehalten werde, fragte Cash. Das interessierte Frank nicht. Er »kenne nur die offizielle Information über den Waffenstillstand seit 6.00 Uhr heute morgen. Über nähere Einzelheiten habe man uns nicht unterrichtet.«[24] Für ihn war Papier Papier, und was auf Papier stand, war Wirklichkeit. Nochmals: »Die Notsituation sei vorüber.«[25]

Cash widersprach: Es »sei nicht klar, ob die Notsituation tatsächlich vorüber sei.«[26] Doch nein, »man möge so etwas«, also Waffenlieferungen an Israel, »über Großbritannien, Frankreich oder Italien durchführen. Dagegen würden wir nichts einzuwenden haben.«[27] St. Florian ließ grüßen.

Bündnistreue im Atomkrieg?

Wusste Frank nicht, dass an diesem Tag, dem 24. Oktober, und auch am Folgetag, heftige Boden- und Luftkämpfe zwischen Israel und Ägypten sowie auf den Golanhöhen mit Syrien tobten; dass die Sowjetunion am Tag des Frank-Cash-Gesprächs drohte, zugunsten von Kairo und Damaskus militärisch zu intervenieren?

Auf diese sowjetische Interventionsdrohung reagierten die USA und lösten am 25. Oktober Defcon 3 aus, also die Alarmierung zur Einsatzbereitschaft der Atomstreitkräfte. Auch die US-Truppen in der Bundesrepublik bereiteten sich auf das Schlimmste vor: den Großen Krieg, atomar und konventionell. Sie bezogen an der Grenze zur DDR und ČSSR Stellung – um die Bundesrepublik zu schützen.

An ebendiesem 25. Oktober 1973, an dem ein weltweiter Atomkrieg der Großmächte drohte und amerikanische Soldaten die deutsche Grenze schützten, schlug der deutsche AA-Staatssekretär Frank politisch verbal auf US-Botschafter Hillenbrand ein. Und umgekehrt: »Er habe inzwischen eine Instruktion in dieser Sache aus Washington erhalten, die um, so präzise wie möglich zu sein, [er] dem Herrn Staatssekretär übersetzen wolle: Die Reaktion der amerikanischen Regierung auf die Haltung der Bundesrepublik sei sehr heftig. Die amerikanische Regierung sei enttäuscht. Sie mache sich große Sorgen über die deutsche Haltung … und er sei angewiesen, eine ›starke Demarche‹ durchzuführen.«[28]

Ja, am 16. Oktober habe Bonn die US-Lieferungen genehmigt. Und jetzt? »Die USA seien über die Änderung der deutschen Haltung umso besorgter, als Washington Schwäche und Uneinigkeit des Westens befürchte, während die SU [=Sowjetunion] die Araber weiter mit Waffen unterstütze … Die Vereinigten Staaten hätten keine andere Wahl gehabt, als Israel zu beliefern, und sie würden diese Lieferungen auch fortführen.«[29]

Knallhart, direkt und undiplomatisch, auch persönlich, fielen Frank und Hillenbrand sozusagen amtlich, auftragsgemäß übereinander her. Ob denn »die Frage bereits im Kabinett behandelt worden« sei, wollte der US-Botschafter wissen und drohte elegant: Wenn er und Frank »in diesem Gespräch nicht weiterkämen«, werde »die amerikanische Seite womöglich die Angelegenheit auf höherer Ebene behandeln«.[30] Volltreffer? Mitnichten.

Vernichtend Frank: Das »Kabinett sei nicht befasst worden, wohl aber der Herr Bundeskanzler. Der Botschafter fragte, ob auch die gestrige Demarche des Staatssekretärs gegenüber Cash vom Bundeskanzler genehmigt worden sei.« [31] Doch ein Coup? Wieder nicht: »Der Staatssekretär bejahte.«[32] Flunkerte er etwa? Nein, denn Diplomaten lügen natürlich nicht, deutsche schon gar nicht.

Aus den Akten ergibt sich ein anderes Bild: Kanzler Brandt wirkte eher wie ein Statist, Scheel und Frank spielten die Hauptrollen, denn erst nachträglich, am 26. Oktober, informierte das AA das Bundeskanzleramt über die beiden hier zusammengefassten Gespräche. Dort hielt der verantwortliche Ministerialdirigent Per Fischer eine »Vorlage bei BK [=Bundeskanzler] … für entbehrlich«.[33] Man ließ Willy in den Wolken, genauer an der Französischen Riviera, in La Croix Valmer, wo er bei Klaus Harpprecht urlaubend abgetaucht war.

Zugunsten der deutsch-arabischen Freundschaft (oder was man dafür hielt im Auswärtigen Amt von Scheel und Frank), wegen und gegen Israel wurde die deutsch-amerikanische Freundschaft ebenso gefährdet wie die Basis der NATO-Zusammenarbeit in einer Weltkrieg-in-Sicht-Situation: Frank hatte, »um deutsch-amerikanische Missverständnisse zu vermeiden«, die Rechtsgrundlage der US-Luftbrücke im Lichte des NATO- und Truppenvertrages durch die Rechtsabteilung des Auswärtigen Amts prüfen lassen. »Diese Verträge seien keine Basis für die Lieferung amerikanischen Materials aus der Bundesrepublik Deutschland an einen Kriegführenden außerhalb des NATO-Territoriums.«[34]

Das war eher eine Wunsch- als Fachexpertise, denn immerhin verfügten die USA über amerikanische Waffen aus und in Deutschland. Einerseits rief der undiplomatische deutsche Diplomat die USA zur Bündnisordnung, andererseits trat er in die Fußstapfen Kaiser Wilhelms II.: »Unsere ausgewogene Politik sei diktiert durch vitale deutsche Interessen.«[35] Also sprach Frank.

Wusste der Staatssekretär nicht, dass gerade diese vitalen, also lebensentscheidenden, deutschen Interessen justement zu dieser Zeit von US-Soldaten an den Grenzen seines Staates gesichert wurden, während er in seinem Büro den amerikanischen Botschafter abkanzelte? Sicher wusste er um diese Sicherheit. Eine andere Sicherheit schien ihm noch vitaler: Stichwort arabisches Öl. Es machte ihn blind und taub, versetzte ihn in geradezu irrationale Panik. Dem israelischen Botschafter Ben-Horin gegenüber beschrieb er seinen diesbezüglichen Albtraum: Sollte es zum arabischen Ölboykott kommen und Deutschland treffen, befürchtete er »heftige innere Unruhen und schwerwiegende Probleme für die Industrieproduktion«.[36] Ben-Horin beruhigte und beschwichtigte. Er erinnerte Frank daran, dass Israel Bonn mehrfach für den Fall eines arabischen Ölboykotts die Nutzung der Pipeline Eilat-Aschkelon angeboten habe. Im Klartext: Deutschland bekäme über den südisraelischen Rotmeerhafen Eilat jede Menge iranisches Öl ans Mittelmeer und von dort nach Europa. »Frank reagierte nicht«, schloss der Israeli seinen Bericht.[37] Bald danach reagierte Bonn. Nicht nur die Bundesregierung pilgerte zu Schah Reza Pahlevi nach Teheran – den der Westen sechs Jahre später, in der Iranischen Revolution von 1979, fallen ließ.

Superman Kissinger

Frank hatte obsiegt. Botschafter Hillenbrand war am Ende seines Diplomatenlateins. Kissinger oder Präsident Nixon persönlich müsse sich einschalten.[38] Also donnerte am 26. Oktober Mr. K, US-Außenminister Henry Kissinger, den deutschen Botschafter Berndt von Staden an: »Die Haltung der Bundesregierung zur Verschiffung amerikanischer Waffen aus der Bundesrepublik habe in Washington sehr erstaunt. Er wolle vorausschicken, dass die USA keine proisraelische Politik zu betreiben gedächten. Diese Zeit sei vorüber. Man wolle zu einer für alle akzeptablen politischen Regelung im Nahen Osten gelangen … Umso mehr sei er erstaunt, dass wir in dieser Lage fundamentale Allianzfragen berührt hätten … Präsident Nixon wolle wegen dieser Frage eine persönliche Botschaft an den Bundeskanzler senden.«[39] Vorbei das AA-Monopol, der Kanzler sollte nicht mehr kneifen. Konnte nicht mehr kneifen.

Nicht nur hierzulande hält sich, aus welchen Gründen auch immer, die Saga, »die« USA, natürlich auch Nixon und Kissinger, seien stets einseitig proisraelisch gewesen. Wirklich? Man bedenke, dass der Überfall Ägyptens und Syriens auf das gänzlich unvorbereitete, höchstfeiertägliche Israel am 6. Oktober 1973 begann, die US-Luftbrücke aber erst am 13. Oktober einsetzte. In dieser einen Woche stand Israels Existenz »auf der Kippe«. Verteidigungsminister Dajan sinnierte über Kapitulationsbedingungen, und Premier Golda Meir, deren Bitte um unverzüglichen Waffennachschub von Washington zunächst abgelehnt wurde, dachte an Selbstmord. So verzweifelt war die Lage. Kissinger gab später zu, Israels militärische Schwächung, sein »Bluten«, in Kauf genommen zu haben, um es leichter zu politischen Zugeständnissen zwingen zu können. Let Israel »bleed a bit but not too much«. Dieser Kissinger-Kernspruch zu Beginn des Jom-Kippur-Krieges ist allbekannt.[40]

Kissingers Blitzstrahl traf das Bundeskanzleramt. Blitzartig wurde Brandt in seinem französischen Urlaubsort informiert.[41] Kanzler, Kanzleramt und Außenamt kamen überein: Es sei »psychologisch günstig«, dem Brief des US-Präsidenten zuvorzukommen. Brandt persönlich solle den Brand löschen.[42] Den Entwurf verfasste Außenstaatssekretär Frank. Er scheint wieder kräftig gepoltert zu haben, denn Kanzleramtschef Horst Grabert bat ihn, »an einigen Stellen (...) die allzu deutliche Sprache zu mildern«.[43] »Im Sinne der Milderung« sollte schließlich der für Nahost im Kanzleramt zuständige Per Fischer den Text »noch einmal durchsehen«.[44] Brandts Urlaubsmannschaft sowie Bundesminister Egon Bahr legten ebenfalls Hand (und Kopf) an. Brandt hat den Text auch noch »stark bearbeitet«.[45]

Dabei blieb es nicht: Die endgültige, am 28. Oktober versandte, Fassung polierten der deutsche Botschafter in Washington und Außenstaatssekretär Frank erneut – offenbar auf eigene Faust.[46] Per Fischer vom Kanzleramt tobte: »Obwohl die Textänderungen nicht schwerwiegender Natur sind, halte ich einen derartigen Eingriff in vom Bundeskanzler selbst redigierte Schreiben für unstatthaft.«[47] Das war nicht nur »unstatthaft«, es zeigt, wie wenig Gewicht der

Kanzler inzwischen für die Spitzen des Außenamts hatte. Gleiches galt für Teile seiner eigenen Partei. Am 8. Oktober 1973 hatte ›Der Spiegel‹ SPD-Fraktionschef Herbert Wehner zitiert, der auf seiner Moskaureise über Brandt gesagt habe, »der Herr bade gerne lau«.[48]

Wie Israels Botschafter Ben-Horin »aus absolut zuverlässiger und hochstehender Quelle« erfahren hatte, habe Brandt durchaus die Fortsetzung der amerikanischen Waffenlieferungen befürwortet, aber in der entscheidenden Kabinettssitzung geschwiegen.[49] Er konnte oder wollte sich gegen Scheel nicht durchsetzen. So wenig wie Verteidigungsminister Georg Leber (SPD), der sich allerdings vehement gegen das Ende des amerikanischen Lieferstopps in der Ministerrunde ausgesprochen hatte.[50] Leber half Israel trotzdem. Botschafter Ben-Horin hatte ihn gebeten, folgendes Vorgehen zu billigen: Für die Bundeswehr in den USA bestellte und bereits fertiggestellte Antipanzerraketen sollten unverzüglich statt in die Bundesrepublik an Israel geliefert werden. »Sofort« stimmte Leber zu. »Persönlich und geheim« kooperierte der Verteidigungsminister mit den Israelis. Der öffentliche Protest des Auswärtigen Amtes gegen die Waffenverschiffung an sich sowie der dadurch ausgelöste Presserummel beendeten diese Leber-Hilfe ans gefährdete Israel.[51] Sie war (aus meiner Sicht) ehrenhaft und richtig. War sie auch rechtens?

Im Kanzlerbrief an Nixon hatte zwar das AA Federn lassen müssen, aber zumindest in der US-, NATO- und Nahostpolitik bestimmte im Herbst 1973 nicht der Kanzler die Richtlinien der Politik, sondern der Staatssekretär im Auswärtigen Amt, Paul Frank. Die noch im Bundeskanzleramt verwahrten, doch uns kürzlich geöffneten Akten dokumentieren die hierüber Ende Oktober einsetzenden und im November 1973 fortgesetzten, teils heftigen Richtlinien-Rangeleien.[52]

Der »Kanzlerbrief« übermittelte Nixon »Überlegungen ..., um zu verhindern, dass es zu schwerwiegenden Missverständnissen zwischen uns oder innerhalb des Bündnisses kommt«.[53] Das Präsens erstaunt, denn jene »Missverständnisse« gab es, und nichts war an ihnen missverständlich. Um Verständnis bat nun der Kanzler diplomatisch, nachdem die Diplomatie des Auswärtigen Amts und seine eigene Passivität kräftig Porzellan zerschlagen hatten. In der Sache selbst bekräftigte er die vermeintlich missverständliche Position seiner Regierung, und »mit Nachdruck« widersprach er der Unterstellung, »die Bundesrepublik Deutschland könnte es an der Bündnissolidarität fehlen lassen«.[54] Die inhaltliche Mischung aus Kanzler, Kanzleramt und AA ist leicht erkennbar: Die Position des AA wurde von Kanzler und Kanzleramt diplomatisch weicher verpackt. Dabei war auch Brandt wütend; besonders über die von Präsident Nixon, Außenminister Kissinger und Verteidigungsminister James Schlesinger öffentlich geäußerte Kritik an seiner Regierung.[55]

König Salomon in Bonn und Washington

Bereits einen Tag nach dem Kanzlerbrief an Nixon, am 29. Oktober, wurde eine gewissermaßen salomonische Lösung eingeleitet: Die USA sollten amerikanische Waffen aus Deutschland nach Israel auf amerikanischen Schiffen oder Flugzeugen solcher Nationen liefern, »die nicht im Nahost-Konflikt involviert« seien, nicht mehr auf israelischen.[56] Am 30. Oktober teilte Frank US-Botschafter Hillenbrand diese Entscheidung der Bundesregierung mit. Plötzlich galt auch nicht mehr die kurz zuvor erstellte AA-»Expertise«: »Was die Entladung und Beladung eines amerikanischen Schiffes in Bremerhaven betreffe, so betrachte die Bundesregierung dies als eine normale Transportangelegenheit im Zusammenhang mit der Unterhaltung der amerikanischen Truppen in der Bundesrepublik« und werde dafür sorgen, »dass keine Schwierigkeiten entstünden«.[57]

Diese hatten zuvor im Bundeskabinett bestanden. Nach der Ministerrunde hatte Verteidigungsminister Leber Israels Botschafter Ben-Horin angerufen und ihm sozusagen verraten, dass es »Krach in der Regierung« gegeben hatte, die Fortsetzung der amerikanischen Lieferungen aber beschlossen worden sei. Einzelheiten nannte er nicht. Diese erwarteten die Israelis von den Amerikanern.[58]

Nun donnerte auch Staatssekretär Frank nicht mehr. Nach dem Gewitter aus den USA gab er sich sonnig heiter und spielte fröhlich auf: Probleme der »Sprachregelung« habe es gegeben. Hillenbrand spielte mit. Happy End? Nicht ganz. Natürlich gab es einen Sündenbock. Den fand der findige Frank: Es »handele sich um das Versagen eines Beamten«.[59] Eine ähnliche Not(?)lüge tischte Frank dem israelischen Botschafter am 31. Oktober auf.[60] Obwohl höchst verärgert, dass Deutschland bei den Amerikanern über US-Waffen verfügen wollte, bewahrten auch Israels Außenministerium und Botschafter diplomatische »Contenance«. Frank bedankte sich ganz staatsmännisch für die »öffentliche Zurückhaltung« Jerusalems.[61] »Die Amerikaner kümmern sich« um diese Angelegenheit, erfuhr der Botschafter aus der Heimat.[62] Gröber formuliert: Sie hatten sich die Deutschen zur Brust genommen. Jedenfalls funktionierte der amerikanisch-israelische Informationsaustausch der Botschafter und Botschaften in Bonn bestens, engstens, schnellstens.[63]

Willy Brandt taucht auf

Nun trat auch der Kanzler wieder in Erscheinung. Am 7. November 1973 reagierte »Willy« wortgewaltig auf den Überfall Ägyptens und Syriens auf Israel. Bei einem Empfang der Universität Bonn erwähnte er den »erpresserischen Druck«, den »die Ölstaaten« auf die Bundesrepublik ausübten, doch dem werde sich sein Land keinesfalls beugen, selbst dann nicht, »wenn wir einen harten Winter erdulden«.[64] Sogar im Kabinett bot er Außenminister Scheel Paroli.[65] Da war der Krieg vorbei, Israel nicht mehr existenziell bedroht, und das deutsch-amerikanische Verhältnis sowie die NATO wieder »intakt«, taktvoll ausgedrückt. Walter Scheel behielt seine Vorstellungen von einer neuen deutschen Nahost-Strategie bei und verfolgte sie mit der ihm eigenen Taktik: »Besondere Beziehungen« sollten nicht mehr nur für Israel gelten, sondern auch für die arabische Welt.

Fazit

Es hätte im Herbst 1973 wenig gefehlt, und ein Atomkrieg wäre ausgebrochen. In dieser welt- und allianzpolitisch heiklen Situation setzte die von den USA sicherheitspolitisch abhängige Bundesrepublik, setzte die Spitze des Auswärtigen Amtes, vom Bundeskanzler kaum gebremst, Öl-Interessen[66] über die deutsch-amerikanische Partnerschaft und die Bündnissolidarität, obwohl bei einem arabischen Boykott genügend iranisches Öl über Israel nach Deutschland gelangt wäre. Bonns Haltung war panisch und blind, nicht nur selbstvermessen und selbstvergessen, sie grenzte an Selbstmord.

Brandt, Scheel und vor allem Staatssekretär Paul Frank hatten Deutschland, den USA, Israel und »den« Arabern die ersten Knospen eines neudeutschen Selbstbewusstseins gezeigt. Unter Helmut Schmidt und Gerhard Schröder sowie unter Angela Merkel als Reaktion auf Präsident Trump öffneten sich die Blüten. Doch das ist ein anderes Kapitel.

Von Vorbildern und Denkmalen

Der Mensch braucht Vorbilder, um sich ein Bild von der Welt und der eigenen Person im Lebensumfeld gestalten, eben ganz wörtlich »bilden« zu können. Meistens formen wir uns ein Wunsch- bzw. Idealbild. Häufig zerbricht es an der Realität. Trotzdem entsteht dann eher selten ein Realbild. Dafür gibt es viele Gründe. Zum Beispiel unsere an sich sympathische Abneigung dagegen, das Unerwünschte zur Kenntnis zu nehmen. »Die Hoffnung stirbt zuletzt.« Wenn sie enttäuscht wird, dann wird aus dem Idealbild manchmal ein Zerrbild.

Aufgabe eines Historikers ist es nicht, Idealbilder oder Zerrbilder zu schaffen, sondern so sorgfältig und gewissenhaft wie möglich die Realität zu erforschen und zu rekonstruieren, um ein Realbild zu zeichnen. Willy Brandt ist vielen ein Vorbild oder wird sogar als das Idealbild eines deutschen Politikers verehrt. Aber wie alle Menschen hatte er viele Seiten. Sein Kniefall in Warschau war eine Jahrhundert-Geste, die von ihm forcierte Entspannungspolitik eine große, überfällige Tat, die man zu Recht bewundert. Hier hat der Friedenskanzler die Chancen, die sich auftaten, beherzt ergriffen und Politik gestaltet.

Doch diese Entspannungspolitik hatte ihre Schattenseiten, wie wir gesehen haben, und vielfache Folgen, die bis in die Gegenwart zu spüren sind und uns nicht nur in ein wiedervereinigtes Deutschland, sondern auch in den Nahostkonflikt führen. Mit der Ostpolitik entfernte sich die Regierung Brandt von dem Hauptverbündeten USA und auch von Israel. Sie näherte sich dem ostpolitischen Gegenüber. Sie unterschätzte das Gewaltpotenzial der arabisch-palästinensischen Akteure. Die Folge waren das von palästinensischen Terroristen im September 1972 verübte Massaker an israelischen Olympia-Teilnehmern und weitere Akte des Terrorismus. Die bittere Erkenntnis: Auch wer wie die »neuen Deutschen« unter Willy Brandt auf Gewalt als Mittel der Politik verzichtet, muss damit rechnen, Opfer von Gewalt und durch Gewalt erpresst zu werden. Salopp formuliert: Frieden wollen heißt nicht unbedingt auch Frieden können.

So sympathisch die kollektive und von Willy Brandt personifizierte Wandlung Deutschlands war, so langfristig wirkt sie bis heute auf die kollektive Selbstwahrnehmung deutscher Politik und Gesellschaft. Aus meiner Sicht schlug sie in moralische Selbstüberhöhung um und wurde eine modernisierte Fassung der berühmt-berüchtigten Zeile aus Emanuel Geibels Gedicht ›Deutschlands Beruf‹ aus dem Jahr 1861: »Am deutschen Wesen mag die Welt genesen.« (Zu) viele Bürger und Politiker halten dieses Land für eine moralische Weltmacht. Unter uns: Es gibt auch noch andere.

Für Willy Brandt tat sich im Jahr 1973 eine gigantische Chance auf, seine Auszeichnung mit dem Friedensnobelpreis durch eine weitere friedenspolitische Großtat zu untermauern, gegenüber dem Jüdischen Staat Israel, für den Deutschland heute noch regierungsamtlich in besonderer Verantwortung steht. Diese Chance, den Vorschlag von Golda Meir aufzugreifen und den Friedensprozess im Nahen Osten zu forcieren, hat Brandt nicht ergriffen, womöglich gar nicht verstanden, sondern diese Aufgabe dem subalternen Personal überlassen, das sie prompt in den sprichwörtlichen Sand setzte. Der Staat Israel geriet in höchste Not. Die Weltmächte steuerten auf einen Krieg zu.

Brandts Handeln oder Nichthandeln lagen hier – wie so oft und bei allen Menschen – unterschiedliche, auch realpolitische Motive zugrunde. Wer sich aber mit den Aussagen des jungen Willy Brandt zum Judentum auseinandersetzt, kann durchaus auf den Gedanken kommen, dass er und seine Genossen die Tragödie des europäischen Judentums in ihrem ganzen Ausmaß nie richtig verstanden haben, und damit auch nicht den Staat Israel als Historischen Ort nach dem Millionenmord.

1944 hielt Brandt die Probleme bei »der Reinstallierung der von den Nazis verfolgten Juden« für »so umfassend, dass es zweifellos internationaler Maßnahmen« bedurfte.[1] Nicht nur Deutschland, auch die Internationale Gemeinschaft, sollte sich daran beteiligen. Man kann Willy Brandts Gedanken freundlich interpretieren: Die den Juden angetane Unmenschlichkeit sei so ungeheuer, dass Wiedergutmachung eine Menschheitsaufgabe sei, die Deutschland alleine nicht stemmen könne. Man kann es auch boshaft so verstehen: Deutschland hat gemordet, die Welt soll (mit-)bezahlen. 1973 haben jedenfalls die USA dafür Sorge getragen, dass der Jüdische Staat nicht vernichtet werden konnte.

Kein Zweifel: Willy Brandt war ein Friedenskanzler, vielleicht sogar »der« deutsche Friedenskanzler schlechthin. Er hat gegen das mörderische NS-Regime gekämpft und er hat als Politiker und Bundeskanzler das Deutschlandbild nach innen wie nach außen verändert. Brandts Kniefall war die Verkörperung der deutschen Metamorphose nach 1945. Das aggressive, auf Gewalt und die Macht des Stärkeren pochende Deutschland hatte sich vollkommen gewandelt. Aber Willy Brandt war keine Lichtgestalt. Zur deutschen Metamorphose gehört auch die Vorstellung vom »mündigen Bürger«, der sich nicht blenden lässt. Willy Brandt sprach gerne davon. Zur Mündigkeit gehören die Fähigkeit und der Wille, sich der Realität nicht zu verschließen, sondern genau hinzusehen. So gesehen, meine und hoffe ich, im Geiste Willy Brandts geforscht, gedacht und geschrieben zu haben.

Anmerkungen

Ouvertüre 1: Sozialdemokratischer Judenbilder in der NS-Zeit

1 David Bankier, Die deutsche Sozialdemokratie und der nationalsozialistische Antisemitismus, 1933–1938, in: Kritiknetz – Zeitschrift für Kritische Theorie der Gesellschaft (2006). Dort sind auch alle Belegstellen genannt; http://d-nb.info/1065549148

2 David Bankier, Die einzigartige und universale Schoah, Festschrift für Yehuda Bauer, (hebräisch) Jerusalem, Jad Waschem 2002, S. 85–97. Im Internet auf der Jad-Waschem-Website als »Die deutschen Sozialdemokraten in Britannien und den Vereinigten Staaten angesichts der Judenkatastrophe in Europa«, (hebräisch), Jerusalem, Yad Washem Holocaust Studien. Aufzurufen über die hebräische Website von Jad Waschem; englische Fassung: Responses of Exiled German Socialists in the USA and the UK to the Holocaust, The Journal of Holocaust Education, 10/1 (2001), S. 1–20

3 Bankiers Beleg: Willy Brandt, Draußen, München 1976, S. 305

4 Willy Brandt, Die Judenverfolgungen in Deutschland, Telegraf og Telefon, 1.1.1939, in: Willy Brandt, Berliner Ausgabe, Band I, 1928–1940, bearbeitet von Einhart Lorenz, Bonn 2002, S. 395

5 A. a. O., S. 394

6 A. a. O., S. 395

7 A. a. O., S. 395

8 A. a. O., S. 396

9 Ebd.

10 Ebd.

11 Ebd.

12 A. a. O., S. 397

13 »Deutschlands außenpolitische Stellung nach dem Kriege«, Mitgliederversammlung der SPD Ortsgruppe Stockholm, in: Berliner Ausgabe, Band II, 1940 – 1947, Bonn 2000, S. 234

14 A. a. O., S. 235

15 Ebd.

16 Zur gegenwärtigen Sprachmode gehört das Wort des Jahres 2016 »postfaktisch«.

Damit ist eigentlich kontrafaktisch gemeint, dass also eine bestimmte Behauptung den Fakten widerspreche, »contra factum« sei. Selbst Bundeskanzlerin Angela Merkel erwies sich dabei als Untertan des Sprachstroms. Warum auch nicht. Der Bundestag wählte sie nicht an die Spitze der Gesellschaft für deutsche Sprache.

Ouvertüre 2: Friedens- und Ostpolitik versus Nahostpolitik

1 Zum ARD-Interview und den Reaktionen vgl. International Herald Tribune, 5.5.1981; Neue Zürcher Zeitung, 6.5.1981; Der Spiegel, 11.5.1981, S. 28 f. Zu den deutsch-israelischen Beziehungen der Helmut-Schmidt-Ära Michael Wolffsohn, German Saudi Arabian Arms Deals 1936–1939 and 1981–1985, Frankfurt am Main 1985, bes. S. 57 und 59; oder auch Michael Wolffsohn, Ewige Schuld? 40 Jahre deutsch-jüdisch-israelische Beziehungen, München 1988, S. 38 ff.

2 Ernst Weisenfeld, De Gaulle und die Juden, in: Die Zeit, 17.5.1968, vgl. auch Raymond Aron, De Gaulle, Israel et les Juifs, Paris 1968

3 Michael Wolffsohn/Thomas Brechenmacher, Denkmalsturz? Brandts Kniefall, München 2005, S. 23

4 Wolfgang Schmidt, Aus historischer Verantwortung, moralischer Verpflichtung und politischer Überzeugung. Wie sich Bundeskanzler Willy Brandt um Israel und den Frieden im Nahen Osten bemühte, Heft 26 der Schriftenreihe der Bundeskanzler-Willy-Brandt-Stiftung, Berlin 2014

Die Jahrhundert-Geste: Brandts Kniefall

1 Dieses Kapitel basiert auf den Ergebnissen meines mit Thomas Brechenmacher verfassten Buches: Denkmalsturz? Brandts Kniefall, München 2005

2 Belege in: Denkmalsturz, besonders S. 30 bis 33

3 Robert Anders, Normalisierung und Aussöhnung. Der Ausgleich mit Polen im Rahmen der Neuen Ostpolitik unter Willy Brandt 1969/70, Diplomarbeit, Bundeswehruniversität München, Historisches Institut 2002 (fortan: Anders), S. 170 f.

4 Klaus Harpprecht an Willy Brandt, 2.10.1970, Willy-Brandt-Archiv im Archiv der sozialen Demokratie der Friedrich-Ebert-Stiftung, Bonn, Bundeskanzler und Bundesregierung 1969–1974, Mappe 8 (Klaus Harpprecht 25.12.1969–5.9.1972)

5 Hendrik George G. van Dam, Generalsekretär des Zentralrats der Juden in Deutschland, an »Seine Exzellenz Herrn Bundeskanzler Willy Brandt«, 4.11.1969, Zentralarchiv zur Erforschung der Geschichte der Juden in Deutschland, Heidelberg (fortan: Zentralrat, Archiv), B 1/7, Nr. 420

6 Vgl. Theo Sommer, Die Zeit, 14.5.1965

7 Bundeskanzler Willy Brandt an Hendrik George van Dam, Bonn, 24.11.1969; Zentralrat, Archiv, B 1/7, Nr. 420.

8 Ebd.

9 Werner Nachmann an »Seine Exzellenz Herrn Bundeskanzler Willy Brandt« ohne Ort, 8.1.1970; Zentralrat, Archiv, B 1/7, Nr. 420

10 Ebd.

11 Van Dam an Ministerialrat Grundschöttel, Düsseldorf, 29.1.1970, Zentralrat, Archiv, B 1/7, Nr. 420

12 Aufzeichnung des Ministerialdirigenten Gehlhoff, Koalitionsgespräch über die Nahostpolitik, 11.2.1970, in: AAPD 1970 I, Dok. 48, S. 207–214

13 Ebd.

14 Koalitionsgespräch 11.2.1970, a. a. O., S. 210

15 A. Idan, Bonn, an Y. Meroz, 30.1.1970, S. 3, Israel State Archives (ISA), 4572/38

16 Idan ebd.

17 Eytan Ron, (Paris), an Europa 1 und Botschafter Bonn, 1.2.1970 »über den Besuch Brandts und seiner Minister in Paris«, ISA 1506/4 und Ron an Europa 1, 4.2.1970, a. a. O.

18 Botschafter Ben-Horin an Außenministerium, 4.2.1970, Bericht über das Treffen mit StS Frank, ISA 4572/38. Zur Heinemann-Information siehe Botschafter Ben-Horin an Außenministerium, 18.2.1970, ISA 4572/38

19 Botschafter Ben-Horin, Bonn, an Y. Meroz, 24.3.1970, ISA 4572/38

20 Vgl. A. Schalosch, Jerusalem, an Botschafter Rabin, streng geheim, 9.6.1970, ISA 4572/38; Botschafter Ben-Horin, Bonn, streng geheim, an A. Schalosch, 16.6.1970, ebd.

21 A. Schalosch, Außenministerium, Jerusalem, 30.6.1970, streng geheim, ISA 4572/38

22 Zum Gespräch Brandts mit Joseph Cohen, dem Repräsentanten des Weizmann-Instituts vgl. Telegramm Israel-Botschaft Bonn an Außenministerium 29.7.1970, ISA 4572/38. Der ehemalige US-Hochkommissar in der BR Deutschland, John McCloy, hatte dieses Treffen vermittelt.

23 Botschafter Ben-Horin an Gerschon Avner, Vize-Generalsekretär des Außenministeriums, 28.8.1970, ISA 4572/38

24 Bericht Walter Hesselbach an Botschafter Ben-Horin, Ben-Horin an Avner, 28.8.1970, a. a.O

25 Gespräch Ben-Horins mit Hesselbach, 28.8.1970, a. a. O.

26 Ben-Horin-Hesselbach, 28.8.1970, a. a. O.

27 Walter Hesselbach an Zvi Dinstein, Frankfurt am Main, 16.9.1970, ISA 4572/38

28 Ben-Horin an Sch. Dibon, 31.3.1970, ISA 4573/3

29 Vgl. Wolffsohn / Brechenmacher, Denkmalsturz, S. 130 ff. mit zahlreichen Belegen

30 Vgl. dieses Detail und weitere in: Wolffsohn/Brechenmacher, Denkmalsturz, bes. S. 96 ff.

31 Vgl. Wolffsohn/Brechenmacher, Denkmalsturz, S. 142 ff.

32 Y. Meroz an den Gesandten in Bonn, 20.10.1970, ISA 4572/38
33 G. Avner, Jerusalem, an Botschafter Ben-Horin, 30.10.1970, ISA 4572/38
34 Meroz, Jerusalem, an M. Lapidot, Botschaft Bonn, 30.10.1970, ISA 4572/38
35 FAZ, 8.9.1970, S. 1; zum »Schwarzen September« vgl. auch Friedrich Schreiber/ Michael Wolffsohn: Nahost. Geschichte und Struktur des Konflikts, Opladen [4]1996, S. 216 ff.
36 FAZ, 14.9.1970, S. 4
37 FAZ, 14.9.1970, S. 4
38 Interview mit Hans-Jürgen Wischnewski, Kölner Express, 5.11.2004
39 Nachmann an Brandt, 12.1.1970; Zentralrat, Archiv, B 1/7, Nr. 91
40 Horst Ehmke, Chef des Bundeskanzleramtes, an Werner Nachmann, 26.11.1970, abgesandt am 27.11.1970, Politisches Archiv des Auswärtigen Amtes (PA/AA), Bestand B 42, Band 1359
41 Nachmann an van Dam, Karlsruhe, 4.12.1970, Zentralrat, Archiv, B 1/7, Nr. 91
42 Daniel Gerlach, Die doppelte Front, Die Bundesrepublik Deutschland und der Nahostkonflikt 1967–1973, Berlin 2006, S. 99
43 Über Ministerialdirektor Sahm, Maschinenschriftliche Notiz der »Jüdischen Allgemeine« (G. G. = Günter Grossmann an van Dam, Bonn), 3.12.1970, Zentralrat, Archiv, B 1/7, Nr. 91
44 Jüdische Allgemeine, 3.12.1970, ebd.
45 Hermann Schreiber, Der Spiegel, 14.12.1970, Heft 51, S. 30
46 Zentralrat, Düsseldorf, 4.12.1970, Zentralrat, Archiv, B 1/7, Nr. 91
47 Stuttgarter Nachrichten, 7.12.1970
48 Auswärtiges Amt, stellv. Protokollchef (von Rhamm) an den deutschen Handelsvertreter Emmel in Warschau, Bonn, 3.12.1970, PA/AA, B 8, Besuche deutscher Persönlichkeiten im Ausland, Bd. 1370
49 dpa-Meldung, Karlsruhe, 8.12.1970, Zentralrat, Archiv, B 1/7, Nr. 91
50 Protokoll der Sitzung des Verwaltungsrates des Zentralrates der Juden in Deutschland. Berlin, 19.12.1970, S. 1, Zentralrat, Archiv, B 1/7, Nr. 218
51 Beleg in: Denkmalsturz, S. 42–63
52 Hans-Joachim Noack, Willy Brandt, Ein Leben, ein Jahrhundert, Berlin 2013, S. 223
53 Peter Merseburger, Willy Brandt 1913–1992, Visionär und Realist, Pantheon-Ausgabe München 2013, S. 616 (Erstausgabe Stuttgart – München 2002)
54 Merseburger, S. 616
55 Gregor Schöllgen, Willy Brandt, Die Biografie, Berlin 2013, besonders S. 175 ff.
56 Vgl. Michael Wolffsohn/Thomas Brechenmacher, Denkmalsturz, München 2005, Kapitel II mit allen Originalbelegen
57 Denkmalsturz. S. 43 f.
58 A. a.O, S. 45
59 A. a. O., S. 54

60 A. a. O., S. 47
61 Vgl. a. a. O., S. 52 ff.
62 A. a. O., S. 49
63 Botschafter Henderson an Secretary of State for Foreign and Commonwealth Affairs, Warschau, 10.12.1970. Public Record Office, FCO 28/1034, siehe Denkmalsturz, S. 50
64 Am 2. Januar 1971, Original-Beleg in: Denkmalsturz, S. 50
65 Bundeskanzler Brandt an Nixon, Heath und Pompidou, Bonn, 15.12.1970, Original-Beleg in: Denkmalsturz, S. 52
66 Ebd., S. 74
67 Vgl. Wolffsohn/Brechenmacher, Denkmalsturz, Kapitel II

Terror in München – Olympia 1972

1 Aaron J. Klein, Die Rächer, Wie der israelische Geheimdienst die Olympia-Mörder von München jagte, Hamburg 2006
2 Die DDR-Staatssicherheit sei allerdings in die konkreten Vorbereitungen des Münchener Massakers nicht eingeweiht gewesen. Das belegt jedenfalls die Studie von Peter Onnertz, Die Aktivitäten des MfS im Zusammenhang mit den Olympischen Spielen München 1972. Eine Quellenanalyse auf der Grundlage des Archivs der Behörde für die Unterlagen des Staatsicherheitsdienstes der ehemaligen DDR, Institut für Sportwissenschaft, Universität Mainz 2010, als Buch Kassel 2013, bes. S. 98 ff.
3 Vgl. Botschafter Ben-Horin, Bonn, an Y. Meroz, Israelisches Außenministerium, 13.10.1972, Website Israelisches Staatsarchiv, Website, Stichwort München Olympiade 1972, Online-Dokumentenblock E, Dok. Nr. 27
4 Dieser und weitere Israel-Belege hierzu sind hebräisch abrufbar auf der Website des Israelischen Staatsarchivs (www.archives.gov.il) unter dem Stichwort »München, Olympiade 1972«. Online-Dokumentenblock B
5 Aufzeichnung des Vortragenden Legationsrats Schilling, Bundeskanzleramt, 5.9.1972, in: Akten zur Auswärtigen Politik der Bundesrepublik Deutschland, 1971, Band II, 1. Juni bis 30. September, hrsg. Im Auftrag des Auswärtigen Amts vom Institut für Zeitgeschichte, München 2003, S. 1187 f.
6 Staatsarchiv Israel, a. a. O., Einführung zu sowie Dokument D im Dokumentenblock B
7 Staatsarchiv Israel, a. a. O., Einführung zu sowie Dokument 8 in Dokumentenblock C
8 Staatsarchiv Israel, a. a. O., Einführung zu sowie Dokument 6 im Dokumentenblock C
9 Belege in: Matthias Dahlke, Der Anschlag auf Olympia 1972, München 2006, S. 65

10 Staatsarchiv Israel, a. a. O., Einführung zu sowie Dokument 10 im Dokumentenblock D
11 Ebd.
12 Staatsarchiv Israel, a. a. O., Einführung zu sowie Dokumente 11 und 12 im Dokumentenblock D
13 Staatsarchiv Israel, a. a. O., Einführung zu sowie Dokument 15 im Dokumentenblock E
14 Ebd.
15 Aufzeichnungen Norbert Müller, damals Protokollchef im Olympischen Dorf (Mail Norbert Müller, Professor i. R. Institut für Sportwissenschaft, Universität Mainz, an Michael Wolffsohn, 30.1.2017)
16 Klein S. 79
17 Staatsarchiv Israel, a. a. O., Einführung zu sowie Dokument 15 im Dokumentenblock E
18 Staatsarchiv Israel, a. a. O., Einführung zu sowie Dokumente 16–19 im Datenblock E
19 Bundeskanzler Willy Brandt an Ministerpräsidentin Golda Meir, Bonn, 9.10.1972, Staatsarchiv Israel, a. a. O., Datenblock F, Dokument Nr. 26
20 Botschafter Steltzer, Kairo, 7.9.1972, an Auswärtiges Amt, in: Akten zur Auswärtigen Politik der Bundesrepublik Deutschland, 1972, Band II, S. 1196
21 Dahlke, S. 34
22 Dahlke, S. 34
23 Gespräch des Bundeskanzlers Brandt mit dem israelischen Botschafter Ben-Horin, Bonn, 13.9.1972, Akten zur Auswärtigen Politik, 1972, Band II, S. 1244
24 Akten, 1972, Band II, S. 1245
25 Ebd.
26 Ebd.
27 Botschafter von Puttkamer, Tel Aviv, 13.10.1972, an das Auswärtige Amt, in: Akten zur Auswärtigen Politik 1971, Dokument 332, S. 1535
28 Gespräch des Bundeskanzlers Brandt mit dem israelischen Botschafter Ben-Horin, Bonn, 13.9.1972, Akten zur Auswärtigen Politik 1972, Band II, S. 1246
29 Samir-Bericht vor ausgewählten Ministern, 6.9.1972, Israel-Archiv, Website, a. a. O., Block 9 bzw. I, Dok. 15
30 Staatsarchiv Israel, Website, a. a. O., Einleitung zu Block 9 bzw. I

Nachgeben, freilassen, belohnen, ermutigen: Anti-Terror-Strategie?

1 Die auf Deutschland bezogenen Recherchen und Abschnitte stammen weitgehend von Till Rüger und Lisa Wreschniok, die israelbezogenen von Michael Wolffsohn

2 Interview des Bayerischen Fernsehens für das Politikmagazin Kontrovers (Red.: Lisa Wreschniok) mit Lufthansapilot Gerd Maier am 23.10.2012 in Offenburg
3 Protokolle der Vernehmungen nach Rückkehr der freigelassenen Geiseln nach Frankfurt a. M. am 30.10.1972, Passagier N., Passagier G., Stewardess M.; Bestände der Staatsanwaltschaft München I, in: Staatsarchiv München, StA 38047
4 Interview des Bayerischen Fernsehens für das Politikmagazin Kontrovers (Red.: Lisa Wreschniok) mit Lufthansapilot Gerd Maier am 23.10.2012 in Offenburg
5 Ergebniskalender des Bundesministerium des Inneren vom 29.10.1972, Anlage 1, in: Bundesarchiv Koblenz, B 106/3164353
6 Vgl.http://library.fes.de/cgibin/populo/spde.pl?month=197210&t_monat=x&erj=1972&mon=10&rel=2
7 Anonymer Brief an Deutsche Polizei vom 19.9.1972, Auswärtiges Amt, in: Politisches Archiv des AA, B 36/509
8 Süddeutschen Zeitung vom 20.9.1972 »Auslieferung der Terroristen gefordert«, in: Staatsarchiv München, StA 37430/19
9 Schreiben von Staatssekretär Paul an den tunesischen Botschafter, 11.9.1972 , in: Archiv Bundeskanzleramt, 243 02 (7) Band 1, Beiheft 1 ID:57844
10 »Gespräch mit den drei Terroristen«, Frankfurter Allgemeine Zeitung vom 2.10.1972
11 Fernscheiben der deutschen Botschaft in Amman, 22.9.1972, in: Archiv Bundeskanzleramt 243 02 (7) Band 1, Beiheft 1 ID:50157
12 Brief des Auswärtigen Amtes an den Bundesminister der Justiz mit Durchschlag an das Bundeskanzleramt vom 27.9.1972, in: Archiv Bundeskanzleramt 243 02 (7) Band 1, Seite 67
13 Pressemitteilung des OLG München vom 29.9.1972, in: Archiv Bundeskanzleramt 243 02 (7) Band 1, Seite 73 ff.
14 Brief von Walter Cipa an das Auswärtige Amt vom 16.10.1972, in: Archiv Bundeskanzleramt 243 02 (7) Band 1, Seite 124
15 Brief von Walter Cipa an das Auswärtige Amt vom 16.10.1972, in: Archiv Bundeskanzleramt 243 02 (7) Band 1, Seite 124
16 Vertrauliches Fernschreiben von Botschafter Werner aus Tripolis vom 23.10.1972, in: Archiv Bundeskanzleramt 243 02 (7) Band 1, Seite 134
17 Ebd.
18 Interne Anweisung des Innenministers Hans-Dietrich Genscher vom 8.9.1972 an die Landesministerien, in: Bundesarchiv Koblenz, B 136/5039,
19 »Maßnahmen seit dem 5. September 1972 zur Verhinderung weiterer Anschläge arabischer Terroristen«, internes Arbeitspapier des Bundesministerium des Inneren, ohne Datumsangabe, vermutlich Ende September 1972, in: Bundesarchiv Koblenz, B106/146540
20 Rede der israelischen Ministerpräsidentin Golda Meir am 16.10.1972 in der Knesset, in: PA AA B 36/505
21 Botschafter von Puttkamer, Tel Aviv, an das Auswärtige Amt, 13.10.1972, in:

Akten zur Auswärtigen Politik der Bundesrepublik Deutschland, 1972, hrsg. von Ilse Dorothee Pautsch, München 2003, S. 1535

22 Interner Vermerk der Staatsanwaltschaft vom 29.10.1972, in: Staatsarchiv München, StA 38047

23 Schreiben des Polizeipräsidenten Manfred Schreiber an das bayerische Innenministerium vom 18.10.1972, in: Staatsarchiv München, StA 17470

24 Israelisches Staatsarchiv (ISA), Online, Blog zum Olympia-Massaker 1972, Teil 9, Dokument 37

25 ISA, Online, Blog a. a. O., Teil 9, Dokumente 39, 40

26 Interview des Bayerischen Fernsehens für das Politikmagazin Kontrovers (Red.: Lisa Wreschniok) mit Lufthansapilot Gerd Maier am 23.10.2012 in Offenburg

27 Ebd.

28 Ereigniskalender des Bundesministerium des Inneren vom 29.10.1972, in: Bundesarchiv Koblenz, B 106/3164353

29 Vertraulicher Brief Willy Brandts an Golda Meir vom 9.10.1972, in: British Archive, London

30 Ereigniskalender des Bundesministerium des Inneren vom 29.10.1972: Bundeskanzler verlässt die Sitzung nach nur einer Stunde, nimmt aber ab 16:00 wieder zeitweise teil, in: Bundesarchiv Koblenz, B 106/3164353

31 Ereigniskalender des Bundesministerium des Inneren vom 29.10.1972, in: Bundesarchiv Koblenz, B 106/3164353

32 Ereigniskalender des Bundesministerium des Inneren vom 29.10.1972: Botschafter Ben-Horin wurde nicht bis zum Kanzler vorgelassen, brachte sein Anliegen dem Staatssekretär im Auswärtigen Amt Sigismund Freiherr von Braun vor, in: Bundesarchiv Koblenz, B 106/3164353

33 Ereigniskalender des Bundesministerium des Inneren vom 29.10.1972, in: Bundesarchiv Koblenz, B 106/3164353

34 Ereigniskalender des Bundesministerium des Inneren vom 29.10.1972, in: Bundesarchiv Koblenz, B 106/3164353, vgl. auch Interview des Bayerischen Fernsehens für das Politikmagazin Kontrovers (Red.: Lisa Wreschniok) mit Lufthansapilot Gerd Maier am 23.10.2012 in Offenburg

35 Pressemitteilung der Bundesregierung zur Entführung des Fluges LH 615 vom 1.11.1972, in: Bundesarchiv Koblenz, B 106/3164353

36 Protokoll einer Dienstbesprechung des bayerischen Krisenstabes kurz vor dem Abflug der Condor aus München, am 29.10.1972, in: Bayerisches Staatsarchiv, StA 38047

37 Botschafter von Puttkamer, Tel Aviv, an StS Frank, 30.10.1972, in Akten zur Auswärtigen Politik der Bundesrepublik Deutschland 1972, Bd. 3, hrsg. Im Auftrag des Auswärtigen Amts vom Institut für Zeitgeschichte, München 2003, S. 1615. Weitgehend ähnlich ist die Wiedergabe des israelischen Außenministeriums, ISA, a. a. O., Dokument

38 Puttkamer, a. a. O., S. 1617
39 Ebban in: ISA, a. a. O. Dok. Nr. 40
40 Ebban in: ISA., a. a. O.
41 Puttkamer, a. a. O., S. 1617
42 Ebd.
43 Günther van Well an Botschafter, ebd. Anmerkung 12
44 ISA, a. a. O., Dokument 43
45 Wortprotokoll der Kabinettssitzung vom 5.11.1972, ISA, a. a. O., Dokument 43
46 Am Ende des Wortprotokolls der Kabinettssitzung vom 5.11.1972, a. a. O.
47 Willy Brandt an Golda Meir, 6.11.1972, Akten zur Auswärtigen Politik der BR Deutschland 1972, a. a. O., S. 1685, Anmerkung 2. Auch zu finden unter ISA, a. a. O. Teil 9, Dokument 44
48 Brandt an Meir, 6.11.1972, ISA, a. a. O. Dokument 44
49 Akten BRD 1972, Band 3, S. 1686. Die israelische Fassung unterscheidet sich kaum. Vgl. ISA, a. a. O., Dokument 54
50 Jewish Chronicle vom 3.11.1972 »Germans knew of Arab hijack plot«
51 ISA, Dok. 43
52 Daily Mail vom 3.11.1972 »Hijack was a frame-up«
53 Vertraulicher Bericht des Britischen Botschafters in Tripolis zum »Lufthansa hijacking« an das Foreign and Commonwealth Office sowie die Botschaften in Bonn, Tel Aviv, Belgrad und Kairo vom 31.10.1972, in: British Archives, File No. MUA 20/309/1, FCO 14/1079
54 Vertraulicher Bericht des Britischen Botschafters in Tripolis zum »Lufthansa hijacking« an das Foreign and Commonwealth Office sowie die Botschaften in Bonn, Tel Aviv, Belgrad und Kairo vom 31.10.1972, in: British Archives, File No. MUA 20/309/1, FCO 14/1079
55 Interview Bayerisches Fernsehen für das Politikmagazin Kontrovers mit Ulrich Wegener (Red.: Till Rüger) am 23.10.2012 in Bonn
56 Prüfung von Reaktionen auf die Flugzeugentführung von Zagreb durch MDg Per Fischer, in: Archiv Bundeskanzleramt 243 02 (7) Band 1, Seite 152
57 Ebd.
58 Vgl. Wortprotokoll des israelischen Kabinetts, 5.11.1972, a. a. O., besonders die Äußerungen von Frau Meir, die allerdings diese Vermutung unter Vorbehalt und äußerte und ausdrücklich darauf hinwies, über keine genauen Informationen zu verfügen.
59 Vertrauliches Fernschreiben von Botschafter Werner vom 6.11.1972 aus Tripolis, in: Archiv Bundeskanzleramt 243 02 (7) Band 1, Seite 161
60 Fernschreiben der deutschen Botschaft in Tunis vom 29.1.1973, in: Archiv Bundeskanzleramt 243 02 (7) Band 1, Seite 179
61 Ebd.
62 Ebd.

63 Schreiben von Willy Brandt an Golda Meir vom 6.11.1972, in: National Archives UK
64 »Palestine: De Jérusalem à Munich«, Autobiografie des Top-Terroristen Abu Daoud, zusammen mit Gilles Du Jonchay, erschienen 1999, Seite 49
65 Übertragung der Gedenkfeier vom Flughafen Fürstenfeldbruck im Bayerischen Fernsehen am 6.9.2012
66 E-Mail-Antwort des Pressesprechers im Bayer. Staatsministerium der Justiz und für Verbraucherschutz Wilfried Krames vom 22.2.2013
67 E-Mail-Antwort des Pressesprechers des Bayerischen Staatsministeriums des Innern, Oliver Platzer vom 21.2.2013
68 E-Mail-Antwort des »Chef vom Dienst« im Presse- und Informationsamt der Bundesregierung Ivo Steinbach vom 21.2.2013
69 Der Spiegel vom 28.10.2013 Seite 18, OLYMPIA-ATTENTAT – Mossad stoppt Merkel
70 Vertraulicher Bericht des Britischen Botschafters in Tripolis zum »Lufthansa hijacking« an das Foreign and Commonwealth Office sowie die Botschaften in Bonn, Tel Aviv, Belgrad und Kairo vom 31.10.1972, in: Britisch Archives File No. MUA 20/309/1; FCO 14/1079; Dokument 11; Seite 2
71 Vertraulicher Bericht des Britischen Botschafters in Tripolis zum »Lufthansa hijacking« an das Foreign and Commonwealth Office sowie die Botschaften in Bonn, Tel Aviv, Belgrad und Kairo vom 31.10.1972, in: Britisch Archives File No. MUA 20/309/1; FCO 14/1079; Dokument 11; Seite 2
72 Erich Schmidt-Eenboom: Undercover – Der BND und die deutschen Journalisten. Kiepenheuer & Witsch, Köln 1998, S. 259
73 Ebd.
74 Interview des Bayerischen Fernsehens für das Politikmagazin Kontrovers mit Egon Bahr am 17.1.2013 (Red.: Lisa Wreschniok/Till Rüger) in der SPD-Parteizentrale in Berlin
75 Ebd.
76 Botschafter von Puttkamer, Tel Aviv, an Staatssekretär Frank, 30.10.1972, in: Akten 1972, S. 1616
77 Bundeskanzler Willy Brandt an Premier Golda Meir, Bonn, 6.11.1972, in: Akten 1972, Botschafter von Puttkamer an Auswärtiges Amt, 8.11.1972, S. 1685, Anmerkung 2
78 Von Puttkamer an Auswärtiges Amt, 8.11.1972, a. a. O., S. 1686
79 Dahlke, S. 69
80 Klein, S. 83
81 Aron J. Klein, S. 75

Unterlassungsschuld? Willy Brandt und der Nahostkrieg, Oktober 1973

1 Kabinettsgespräch über die Nahostpolitik, 11.2.1970, Akten 1970, S. 207 ff.
2 Bundeskanzler Willy Brandt, Akten zur Auswärtigen Politik der Bundesrepublik Deutschland (fortan: Akten), 1970 München 2001, Aufzeichnung Ministerialdirigent Gehlhoff, Kabinettsgespräch über die Nahostpolitik, 11.2.1970, München 2001. Teilnehmer waren: Kanzler Brandt sowie die Bundesminister Walter Scheel (Außen), Helmut Schmidt (Verteidigung), Hans-Dietrich Genscher (Innen) u. a., S. 208
3 Auch bei den Recherchen für dieses Kapitel war Thomas Brechenmacher besonders hilfsbereit
4 Willy Brandt, a. a. O., S. 212
5 Scheel, a. a. O., S. 213
6 Helmut Schmidt, a. a. O., S. 212
7 Brandt an Meir, Bonn, 2.11.1971, S. 1 ISA 6690/6-gimmel
8 A. a. O., S. 2
9 Golda Meir an Willy Brandt, 29.11.1971, S. 1, ISA Büro MP, 7088/1-A
10 Ebd.
11 Meir an Brandt, Jerusalem, 29.11.1971, S. 1, ISA Büro MP, 7088/1-A
12 Golda an Brandt, 29.11.1971, in: Akten 1972, Band I, S. 37, Anmerkung 7. Hierin auch ihre skeptische Einschätzung bezüglich der »Problemlösungen durch die Großmächte«
13 Meir an Brandt, 29.11.1971, S. 1, a. a. O.
14 Meir an Brandt, 29.11.1971, S. 2
15 Gespräch Golda Meir – Willy Brandt mit Delegationen, Stockholm, 26.5.1971, im Hotelzimmer von Frau Meir, geheim, ISA, 4212/2-A
16 Gespräch Meir – Brandt, 26.5.1971, a. a. O.
17 Gespräch Brandt – Pompidou, Bonn, 6.7.1971, in: Akten zur Auswärtigen Politik der Bundesrepublik Deutschland, 1971, Band II, hrsg. v. Ilse Dorothee Pautsch u. a., München 2002, S. 1084
18 Gespräch Meir – Brandt, Wien, 27.6.1972, streng geheim, Von Wien (Botschaft Israel) an Außenministerium, ISA 4239/2-A; die deutsche Aufzeichnung Brandt – Meir, Wien, 27.6.1972, Akten 1972, S. 815 ff.
19 Ebd., S. 816
20 Brandt – Meir, Wien, 27.6.1972, Band II, S. 817
21 Meir an Brandt, Jerusalem, 6.2.1972, ISA 7088/1-A; Akten 1972, Band I, S. 121, Anmerkung 28
22 Meir an Brandt, Jerusalem, 20.2.1972, ISA 7088/1-A
23 Gespräch Brandt – Pompidou, Paris, 10.2.1972, S. 120 f.
24 Vgl. Bundeskanzleramt 30104 (103). Die Jerusalemer Akten bezeugen die Gutgläubigkeit

25 Handschriftlicher Vermerk Schilling, 29.3.1973, Bonn, Bundeskanzleramt 30104 (103). Auch VLR I Ministerialrat Dr. (Hans) Schauer, Bonn, 29.3.1973, Betr. Terminierung Ihrer Israel-Reise, Bundeskanzleramt a. a. O., S. 2

26 Schilling Herrn AL II, Bonn, 30.3.1973, Bundeskanzleramt 30104 (103), S. 1

27 (Max Graf von) Podewils(-Dürnitz), Protokollchef Auswärtiges Amt, / LR I Stauffenberg, Kopie Dr. Schauer, Bundeskanzleramt, Betr. Besuch den Herrn Bundeskanzlers in Israel, Bonn, 30.3.1973, Bundeskanzleramt 30104 (103), S. 1

28 Gespräch Botschafter Ben-Horin - Bundesminister Egon Bahr, Bonn, 3.1.1973, Israelisches Staatsarchiv (ISA), Het/daled 2733/22

29 Ben-Horin - Bahr, 3.1.1973

30 Bericht Botschafter Ben-Horin über sein Gespräch mit Scheel an Außenministerium Jerusalem, 15.5.1973, ISA, 371/4-A

31 Ben-Horin, Bonn, an Yochanan Meroz, stellv. Generalsekretär des Außenministeriums, 9.5.1973, streng geheim, ISA, Büro Ministerpräsidentin (MP) 370/5- A

32 Botschafter von Puttkamer, Tel Aviv, an das Auswärtige Amt, 13.6.1973, Akten 1973, S. 986. Das israelische Gesprächsprotokoll sagt dazu im Kern nichts anders, Gespräch Sapir - Brandt, 10.6.1973, streng geheim, ISA, Büro MP 370/5-A, S. 2

33 Gespräch Alon - Brandt, 10.6.1973, im Kibbuz Genossar, ISA Büro MP, 370/6 A, S. 1

34 Botschafter Ben-Horin, Bonn, an Meroz, Jerusalem, geheim, 27.6.1973

35 Botschafter Ben-Horin an Meroz, Außenministerium, 26.6.1973, streng geheim, ISA 371/4 A

36 Ben-Horin an Meroz, Außenministerium, 27.6.1973, geheim, ISA 371/4-A

37 Ben-Horin, Bonn, an Meroz, Außenministerium, streng geheim, nur an den Adressaten, Bonn, 9.5.1973, ISA Büro MP 370/5-A

38 Per Fischer an VLR I Peter Schönfeld, Bonn, 20.2.1973, Bundeskanzleramt 30104 (103)

39 Per Fischer, a. a. O. S. 2

40 Vermerk VLR Wolf-Dieter Schilling, Bundeskanzleramt, Bonn, 22.2.1973, Bundeskanzleramt 30104 (103)

41 Ben-Horin - Bahr, 3.1.1973

42 Bundeskanzler Brandt an Golda Meir, Bonn, 24.4.1973, Bundeskanzleramt 30104 (103)

43 Gespräch Brandt mit Staatspräsident Tito, Brioni, 18.4.1973, Akten 1973, S. 539

44 Brandt - Tito, 18.4.1973, Akten 1973, S. 541

45 Botschafter Steltzer, Kairo, an das Auswärtige Amt, 5.6.1973, Akten 1973, S. 921

46 Brandt - Tito, 18.4.1973, Akten 1973, S. 541

47 Brandt - Tito, 18.4.1973, Akten 1973, S. 543

48 Aufzeichnung des Bundeskanzlers Brandt, 1.5.1973, Akten 1973, S. 617

49 Tito zu Brandt, 18.4.1973, a. a. O., S. 540

50 Gespräch Außenminister Scheel mit KPdSU-Generalsekretär Breschnew, Bonn

19.5.1973, Akten 1973, S. 740. In seiner Aufzeichnung über das Vieraugengespräch mit Breschnew vom 20.5.1973, Akten 1973, S. 745 verweist der Kanzler auf das Gespräch Scheels mit dem Sowjetführer, ohne weitere Details zu nennen.

51 Delegationsgespräch BR Deutschland – Israel, Tel Aviv, 7.6.1973, Akten 1973, S. 959

52 Gespräch Brandt – Heath, Bonn, 29.5.1973, S. 861

53 Brandt – Heath, a. a. O., S. 861 f.

54 (Stand der Vorbereitungen Israel-Reise), Dr. Schauer, Bundeskanzleramt, Bonn, 23.5.1973, Bundeskanzleramt, 30104 (103)

55 Schauer, 23.5.1973, S. 2, Blatt 51

56 Siehe nächste Anmerkung. Dort S. 6, Blatt 64

57 VR I Dr. Schauer (398) und RD Schröder (402), Bonn, 1.6.1973, Bundeskanzleramt 30104 (103), Blätter 59 ff.

58 Schauer/Schröder, 1.6.1973, S. 3, Blatt 61

59 Schauer/Schröder, 1.6.1973, S. 4, Blatt 62

60 Schauer/Schröder, 1.6.1973, S. 1, Blatt 59

61 Schauer/Schröder, 1.6.1973, S. 2, Blatt 60

62 Schauer/Schröder, 1.6.1973, S. 4, Blatt 62

63 Schauer/Schröder, 1.6.1973, S. 5, Blatt 63

64 Schauer/Schröder, 1.6.1973, S. 7, Blatt 65

65 Schauer/Schröder, 1.6.1973, S. 8, Blatt 66

66 Schauer/Schröder, 1.6.1973, S. 7, Blatt 65

67 Schauer/Schröder, 1.6.1973, S. 11, Blatt 69

68 Auswärtiges Amt Referat 310 (Nahost = Dr. Redies), dessen Abteilungschef Ministerialdirektor Lahn war, ohne Unterzeichner, Bonn, 5.6.1973, Bundeskanzleramt 30104 (103), S. 1, Blatt 82. Vgl. a. a. O., Blatt 85 f. das Papier »Nahost«, »Ergänzung« ebenfalls vom 5.6.1973 a. a. O.

69 Auswärtiges Amt, Ref. VLR I Dr. Redies, unterzeichnet Mindirektor Lahn an Staatssekretär, Bonn, 1.6.1973, Bundeskanzleramt 30104 (103), Blatt 78 f.

70 Botschafter Ben-Horin, Bonn, über sein Gespräch mit Kanzler Brandt in dessen Haus, an Außenministerium, 25.5.1973, ISA, Büro MP chet/daled 6808/4. Ähnlich klar die Haltung Brandts im Schauer-Papier vom 23.5.1973, S. 3, Blatt 52

71 Meroz an A. Agmon, Generalsekretär = Staatssekretär Finanzministerium, 29.5.1973, ISA rh'm Het/daled 6808/4

72 Delegationsgespräch, Tel Aviv, 7.6.1973, Akten 1973, S. 957

73 Delegationsgespräch, 7.6.1973, a. a.O, S. 958

74 Punkte aus dem Vieraugengespräch Ministerpräsidentin (Meir) – Brandt, 7.6.1973, streng geheim, ISA, Büro MP 370/5 A, S. 1

75 Meir – Brandt, 7.6.1973, S. 2.

76 Ebd.

77 Golda Meir an Abba Kovner, 7.6.1973, ISA, Deutschland, 7088/3 A

78 Abba Eban, Delegationsgespräch, 8.6.1973, Akten 1973, S. 960
79 Delegationsgespräch, 8.6.1973, a. a. O., S. 960
80 Schauer, Bonn, 23.5.1973, S. 5, Blatt 54
81 Delegationsgespräch, 8.6.1973, S. 962 f.
82 Ebd. S. 963
83 Delegationsgespräch, 8.6.1973, a. a. O., S. 964
84 8.6.1973, ebd.
85 8.6.1973, ebd.
86 Punkte aus dem Gespräch Ministerpräsidentin – Brandt, 9.6.1973, streng geheim, ISA Büro MP 370/5 A, S. 1
87 Ebd.
88 Ebd.
89 Ebd.
90 Vieraugengespräch Meir – Brandt, 9.6.1973, S. 2
91 In den Akten des Auswärtigen Amts, Pol. Arch AA, Bestand B 36, Ref. 310 (Nahost) sowie B 2 (Büro Staatssekretär), ist ein solches Protokoll nicht überliefert. In B 36, Bd. 104771 (Zwischenarchiv) findet sich lediglich das Protokoll über die Delegationsgespräche am 7. und 8. Juni. Zu fragen wäre, ob die Vieraugengespräche von der deutschen Seite überhaupt protokolliert wurden.
92 Gespräch Alon – Brandt, 10.6.1973, S. 1
93 Alon – Brandt, 10.6.1973, S. 1
94 »Brandt-Besuch. Diverse Punkte, Keine Weitergabe des Dokuments, streng geheim, Büro MP 370/5 A
95 Ebd.
96 Mordehai Gazit, Direktor des Ministerpräsidentenbüros, an Botschafter Bonn, 26.6.1973, streng geheim, ISA, Büro MP, 7036/3 A
97 Brandt – Pompidou, Schloss Gymnich, 21.6.1973, Akten 1973, S. 1032
98 Brandt – Pompidou, 21.6.1973, S. 1032
99 21.6.1973, S. 1032
100 Brandt zu Pompidou, 21.6.1973, S. 1032
101 Pompidou zu Brandt, 21.6.1973, S. 1033
102 Brandt zu Pompidou, 21.6.1973, S. 1033
103 Arieh Baron, Aufzeichnung des Gesprächs Golda Meir – Verteidigungsminister Mosche Dayan, 10.6.1973, S. 1, Archiv der Israelischen Verteidigungsstreitkräfte und der Sicherheitsdienste, 777/953/1985
104 Akten zur Auswärtigen Politik der Bundesrepublik Deutschland, 1969, Band II, hrsg. Von Rainer A. Blasius u. a., München 2000, S. 1145 f. und 1270 ff.
105 Frank, 22.10.1969, a. a. O., S. 1145
106 Frank, a. a. O., S. 1146
107 Ebd.
108 Frank, 13.11.1959, S. 1271

109 Kabinettsgespräch über die Nahostpolitik, 11.2.1970, Akten 1970, S. 207 ff.
110 Aufzeichnung Klaus Blech, 29.1.1973, in: Akten 1973, S. 143
111 Botschafter Lankes, Beirut, an das Auswärtige Amt, 12.6.1973, Akten 1973, S. 980
112 Lankes, 12.6.1973, S. 981
113 Willy Brandt an Golda Meir, Bonn, 28.6.1973, ISA 7036/2, S. 1; auch Bundeskanzleramt (BK) 301 00 (91)
114 Ebd. Brandts Brief an Breschnew, Bonn, 13.6.1973, Bundesarchiv Koblenz (BAK, Bestand Bundeskanzleramt, B 136 6305)
115 Vgl. Brandt an Breschnew, Bonn, 13.6.1973, BAK B 136 6305
116 Vgl. den Israel gegenüber polemischen Ton in Lahns Vorlage »Besuch des Herrn Bundeskanzlers in Israel« an Bundeskanzleramt z.Hdn. MDg Fischer, Bonn, 7.5.1973, besonders S. 3, PA/AA B 36 Bd 104–771
117 Ministerialdirektor Lahn, Kairo, an das Auswärtige Amt, 1.7.1973, Akten 1973, S. 1098, Anmerkung 2
118 Lahn an AA, 1.7.1973, S. 1098
119 Lahn an AA, 1.7.1973, S. 1100
120 Botschafter Ben-Horin, Bonn, über den Mossad an das Büro der Ministerpräsidentin, 3.7.1973, streng geheim, ISA Büro MP 4239/15 A
121 Lahn an AA, 1.7.1973, S. 1101
122 Ministerialdirigent Per Fischer, Bundeskanzleramt, mit der Bitte um Weiterleitung an den Herrn Bundeskanzler, Bonn, 3.7.1973, Bundeskanzleramt 301 00 (91)
123 Gespräch Brandt – Tanaka, Bonn, 4.10.1973, S. 1502
124 MP Golda Meir an BK Willy Brandt, Jerusalem, 29.7.1973, ISA, Büro MP, 7036/2 A
125 Mordehai Gazit, Jerusalem, an Botschafter Ben-Horin, Bonn, geheim, persönlich, 29.7.1973, ISA, Büro MP 7036/2 -A
126 Golda Meir, Jerusalem, an Willy Brandt, vertraulich, 21.8.1973, ISA, Deutschland 2088/3-A
127 Gazit, Jerusalem, an Ben-Horin, 26.8.1973, geheim, persönlich, ISA Büro MPP 370/8
128 Golda Meir an Willy Brandt, Jerusalem, 29.7.1973, a. a. O.
129 Willy Brandt, Bonn, an Golda Meir, »geheim, amtlich geheim gehalten«, 3.8.1973, ISA 7036/2a
130 Ben-Horin, Bonn, an Außenministerium, Bonn, 12.9.1973, S. 1, geheim, ISA 371/4-A
131 Ebd. S. 2
132 Israel-Botschaft, Bonn, an Außenministerium, Jerusalem, 17.6.1973, ISA, Büro Ministerpräsidentin, 370/5

Krieg und Atomalarm

1 Gespräch Brandt – Tanaka, 4.10.1973, Akten zur Auswärtigen Politik der Bundesrepublik Deutschland 1973, hrsg. im Auftrag des Auswärtigen Amts vom Institut für Zeitgeschichte, wissenschaftliche Leitung Ilse Dorothee Pautsch, München R. Oldenbourg Verlag 2004, fortan: Akten 1973, Band III, S. 1503
2 Aufzeichnung Ministerialdirektor Lahn für Staatssekretär Paul Frank, Bonn, 4.10.1973, Akten 1973, S. 1511. Thomas Brechenmacher gilt mein Dank für wichtige Recherchehilfen
3 Lahn, 4.10.1973, a. a. O., S. 1510 f.
4 Lahn, 4.10.1973, Akten 1973, S. 1511. Noch unfreundlicher und ebenso offen kanzlerkritisch äußerte sich Ministerialdirigent Jesser, der unmittelbare Vorgesetzte des Referatsleiters Nahost
5 Akten 1973, S. 1522, Anmerkung 6
6 Gespräch des Bundesministers Scheel mit den Botschaftern arabischer Staaten, Bonn, 4.10.1973, Akten 1973, S. 1528
7 Scheel – arabische Botschafter, 8.10.1973, S. 1528 f.
8 Scheel, a. a. O., S. 1529
9 Gespräch des Bundesministers Scheel mit dem israelischen Botschafter Ben-Horin, Bonn, 8.10.1973, Akten 1973, S. 1531 f.
10 Scheel, 8.10.1973, a. a. O., S, 1532
11 Scheel, a. a. O., S. 1529
12 Telegramm Ben Ari an Außenministerium, Bericht über ein Gespräch mit dem Bürochef des Bundeskanzlers, Reinhard Wilke, Bonn 14.10.1973, Israelisches Staatsarchiv (ISA) 371/4 a. Das Telegramm wurde, einer handschriftlichen Notiz zufolge, dem Büro der Ministerpräsidentin weitergeleitet
13 Gesandter Peckert, Ankara, an das Auswärtige Amt, 13.10.1973, Akten 1973, S. 1553; vgl. auch das Gespräch Scheel US-Botschafter Hillenbrand, 16.10.1973, Akten 1973, S. 1558. »Mehr als 200 Flugzeuge nannte der US-Diplomat.«
14 Scheel – Hillenbrand, 16.10.1973, S. 1561
15 Ebd., S. 1561
16 Ebd., S. 1561
17 Ebd., S. 1563
18 Zitiert von Botschafter Ben-Horin, Telegramm an Außenministerium, Bonn, 18.10.1973, ISA 371/4 a
19 Gespräch StS Frank mit dem amerikanischen Gesandten Cash, 24.10.1973, Akten 1973, S. 1638 f.
20 Frank – Cash, 24.10.1973, a. a. O., S. 1639
21 Frank – Cash, 24.10.1973, S. 1640
22 Frank – Cash, 24.10.1973, S. 1643
23 Frank – Cash, 24.10.1973, S. 1641

24 Ebd.
25 Frank - Cash, 24.10.1973, S. 1642
26 Frank - Cash, 24.10.1973, S. 1643
27 Frank - Cash, ebd.
28 Gespräch StS Frank mit US-Botschafter Hillenbrand, 25.10.1973, Akten 1973, S. 1647
29 Gespräch Hillenbrand - Frank, 25.10.1973, Akten 1973, S. 1648
30 Hillenbrand - Frank, 25.10.1973, S. 1648
31 Ebd.
32 Hillenbrand - Frank, 25.10.1973, S. 1649
33 Handschriftlicher Vermerk Ministerialdirigent Per Fischer auf Schreiben Schönfeld, AA, Büro des StS, an Per Fischer, Bonn, 26.10.1973, geheim, Bundeskanzleramt, 301 01 A 10 (17)
34 Hillenbrand - Frank, 25.10.1973, S. 1651
35 Hillenbrand - Frank, 25.10.1973, S. 1651
36 Gespräch Botschafter Ben-Horin mit Staatssekretär Frank, Telegramm an Außenministerium, Bonn, 22.10.1973, ISA 371/4a
37 Ben-Horin - Frank, 22.10.1973, ISA 371/4a
38 Telegramm Botschafter Ben-Horin, Bonn, an Außenministerium, 25.10.1973, ISA 371/4 a; vgl. auch Telegramm Ben Ari, Bonn, an Außenministerium, 25.10.1973, ISA 371/4 a
39 Botschafter von Staden, Washington, an Bundesminister Scheel, 26.10.1973, Akten 1973, S. 1663
40 Zum Beispiel E. Colby et al., The Israeli ›Nuclear Alert‹ of 1973, Center for Naval Analysis, Alexandria, VA, 2013, S. 31 Anmerkung 37, William Quandt (damals Mitglied des National Security Council) zitiert hier Kissinger; vgl. auch http://books.google.de/books?id=UePb8Qlg5k4C&pg=PA367&dq=Henry+Kissinger+bleeding+Israel&hl=de&sa=X&ei=GOzKUYbcGoPm4QSW6YDQBg&ved=0CDQQ6AEwAA#v=onepage&q=Henry%20Kissinger%20bleeding%20Israel&f=false.; https://www.google.de/#sclient=psy-ab&q=Kissinger+bleeding+Israel&oq=Kissinger+bleeding+Israel&gs_l=serp.3...8281.13147.0.13532.25.17.0.2.2.0.1636.5549.0j7j6j1j6-1j0j1.16.0...0.0...1c.1.18.psy-ab.tYKDTnKS8-k&pbx=1&bav=on.2,or.r_qf.&fp=972d2dc4733e725a&biw=1536&bih=676
41 Vermerk Per Fischer »über die Vorbereitung des Schreibens an Präsident Nixon vom 28. Oktober 1973«, Bonn, 29.10.1973, Bundeskanzleramt, 301 01 A 10 (17)
42 Vermerk Per Fischer, 29 10.1973
43 Vermerk Fischer, 29.10.1973, S. 1
44 Vermerk Fischer, 29.10.1973, S. 2
45 Vermerk Fischer, S. 2
46 Vermerk Fischer, S. 3
47 Ebd., S. 3

48 Der Spiegel, 8.10.1973, S. 25
49 Telegramm Ben-Horin, Bonn, geheim, an Außenministerium, 26.10.1973, ISA 371/4 a
50 Vgl. Telegramm Milo, Bonn, an Außenministerium, 26.10.1973, ISA 371/4 a
51 Telegramm Ben-Horin, Bonn, streng geheim, an Außenministerium, 28.10.1973, ISA 371/4 a, S. 1
52 Vgl. die Aktenzeichen 301 01 A 10 (17) und a. a. O. Beih 1
53 Brandt an Präsident Nixon, 28.10.1973, Akten 1973, S. 1669
54 Brandt an Nixon, 28.10.1973, S. 1669
55 So ein Journalist, der den Kanzler gesprochen hatte zu Ranom (schlecht zu lesen), Bonn. So dessen geheimes Telegramm am 27.10.1973 ans Außenministerium, ISA 371/4 a
56 Vgl. Gespräch Frank – Hillenbrand, 29.10.1973, Akten 1973, S. 1674
57 Frank zu Hillenbrand, Bonn, 30.10.1973, Akten 1973, S. 1676 f., Anmerkung 22
58 Telegramm Ben-Horin, Bonn, streng geheim, an Staatssekretär im Außen- und Verteidigungsministerium, 30.10.1973, ISA 371/4 a
59 Gespräch Frank – Hillenbrand, 29.10.1973, S. 1677
60 Telegramm Botschafter Ben-Horin an Außenministerium über ein Gespräch mit StS Frank, Bonn, 31.10.1973, ISA 371/4 a
61 Telegramm Ben-Horin, 31.10.1973; zum Außenministerium vgl. Telegramm Außenministerium an Bonn, Jerusalem, 30.10.1973, ISA 371/4 a
62 Telegramm Außenministerium an Bonn, Jerusalem, 30.10.1973, ISA 371/4 a; vgl. auch Telegramm Meroz, Außenministerium, an Bonn, Jerusalem, 18.10.1973, streng geheim, ISA 371/4 a; Telegramm Ben-Horin an Außenministerium, Bonn, 19.10.1973, ISA 371/4 a
63 Telegramm Botschafter Ben-Horin an Außenministerium, Bonn, 29.101973, ISA 371/4 a; auch Telegramm Ben Ari, Bonn, an Außenministerium, 25.10.1973, ISA 371/4a
64 Telegramm Miloh, Botschaft Bonn, an Außenministerium, 7.10.1973, ISA 371/4 a
65 Telegramm Botschafter Ben-Horin an Außenministerium über ein Gespräch mit Staatssekretär Karl Ravens vom Bundeskanzleramt, Bonn, 8.11.1973, ISA 371/4 a. Vgl. auch Telegramm Botschafter Ben-Horin an Außenministerium über ein Gespräch mit Bundesminister Horst Ehmke, Bonn, 7.11.1973, ISA 374/4 a
66 Die Ölinteressen gestand der Bundeskanzler ausdrücklich in seinen schriftlichen Vorbereitungen für das Treffen mit Golda Meir in London am 11.11.1973, vgl. Bundeskanzleramt, 301 04 (117), Beiheft 1, Bonn, 9.11.1973, »Erdölpolitik«, S. 1 f.

Von Vorbildern und Denkmalen

1 Einleitung von Einhart Lorenz zu: Willy Brandt, Zwei Vaterländer. Deutsch-Norweger im schwedischen Exil – Rückkehr nach Deutschland, 1940–1947, Bonn 2000, S. 31; die Zitate stammen aus dem Buch Willy Brandts »Efter segern« (= Nach dem Sieg, 1944), S. 55/56. Ich danke meinem Freund und Kollegen Thomas Brechenmacher, der mich mit dieser Quelle versorgte.

Personenregister